美しい住宅へ

横河健

左右社

美しい住宅へ　目次

美しい住宅へ

はじめに

小さな頃、私は夢を見ていました……自分が大きくなる頃にはきっと美しい街、美しい家並みを目にすることができるに違いない、と。私の幼いときといえば、戦後まだ間もない頃でしたから、生活はまだ食べることに精一杯で、街並みも商店街のドブ川に木の蓋をした程度で臭かったことを憶えています。

臭い汚い街だな……なんとなくではあるけれど、いつになったら美しい街になるのだろうかと思っていたものです。

ハッキリと憶えているのは、父親が持っていたゼンザブロニカというカメラを勝手に拝借してその商店街を撮った記憶があること。昭和三十五年頃でしょうか、小学校の子どもではあるけれど、写真を撮りながら街が汚いのをなんとかしたい、なんとかしなくては……と思っていたのです。

この頃からわが国・日本は高度成長期に入っていったと思うのです。世の中ではテレビ・冷蔵庫・洗濯機といった家電が飛ぶように売れ、物を買えば豊かな生活ができる……と誰もが思っていた時代なのです。確かに収入は増え、主婦の家事は楽にはなったのでしょうし、物品の購買意欲から見かけの、つまりＧＤＰの数字は跳ね上がっていったのでしょう。しかし、私の夢見ていた美しい街はなかなか実現してゆきませんでした。

電線・電信柱は縦横無尽に街を覆い……、それは悲しいかな、いまなお変わらないし、小割りの極小敷地を統合することもなく、すこし余裕のある敷地も相続税対策とかで本来つくりたくもないペンシルビルに建て替えを余儀なくされて、無作為に情けない新築ビルが立ち並ぶようになってしまったのです。子どものときに思ったこと……もういくつ寝ると、つまり何年か経てば美しい街並みに生まれ変わるに違いない、という期待は見事に裏切られ、そして残念ながら私の（あなたも）生きている間には、わが国では美しい街並みを見ることが叶わないことに気づいてしまったというわけなのです。

美しい建築をつくりたい……私の小さい頃の夢、美しい街を見るということは、いつしか自らがつくる側の立場になったというわけですが、私たちが美しい街と思うのは、たまたま美しい建築があるというだけではありません。外国に旅をしてみると、なんでもない片田舎の街並みに、ふと「美しいなぁ」とため息交じりに思うのは私だけではないでしょう？（ところで、うまくできた建築とかランドスケープを見て「うわっー外国みたい！」って言われるのは悔しいものです……。建築家としてこんな屈辱的なことはありません）建築単体というより街並み、つまり連続した全体像のことを言っているということに気づかされるのです。日本は素晴らしい国、素晴らしいポテンシャルを持つ国だということは百も承知です。だからこそ言いたいのですが、私たちの街（都市）は近代、否、現代に近づくにつれ、美しい風景から遠ざかっているのではないでしょうか。

フランク・ロイド・ライトの教えに「シャイニング・ブラウ（Shining brow）」という言葉があります。輝ける眉・輝ける額とも訳されています。ライトは自分のアトリエをタリアセン（Taliesin）と呼んでいたのですが、タリアセンとはウェールズ語で「シャイニング・ブラウ」つまり「輝ける眉」という意味です。なぜこの言葉をアトリエの名にしたのでしょうか？　山の稜線は神さまがつくったものですから建築でその稜線を変えてはならない……、建築を建てるのは山の頂ではなく、少し下がったところ、人の顔で譬えると頭のてっぺんではなくて、ちょうど眉のあるあたりに建てなさい……という教えなのです。

私はいつしか、建築はランドスケープのほんの一部……という視点をはっきりと持つようになりました。

こんな思いとともに、この本には作品集『KEN YOKOGAWA landscape and houses』で書ききれなかったことや掲載できなかった建築、特に住宅建築のつくり方について私の思うこと、心の動きを記してあります。

ただ最初に申しておくと、建築とは、もちろん住宅でも、二つとして同じものはできません。敷地も違えば予算も違う、そして何よりも住まう人が違うのだから、同じであるはずがないのです。もっとも、ここには異論もあると思います。……優れた建築というものは、仮に住人や持ち主が変わっても名作は名作として残るのだという考えもあるのでしょう。

つまり、住人の使い勝手や好みとは別の次元で建築を成立させている何か、あるいは社会への提言が建築には問われているのです。これらについても追々書いてゆければと思っています。

この本は建築論ではありません。「本当に美しい住宅」への考え方、設計手法を伝授したいとは思うものの、ハウツーでは伝えられません。ですから、哲学というと大げさですが、根本にある私の考え方とともに各々のケースを紐解きながら、できるだけわかりやすく実例を紹介するようにつとめました。

いままでにも、私のモノづくりのポリシーとして大きな木は切らない、敷地をさまよいながら自分が居たいと思う場所を探す……といった考えを記したことがあります。これは私独自の設計手法かもしれないし、あまりに特異なことで、うまく伝わる話だとも思えませんが、このこともあらためて各章立てのなかで述べてみたい。と思います。私の設計手法とは、建築の数字的解析を積み重ねるのではなくて、カッコ良く言えば木や土、風や日差し、土地にいるであろう精霊に耳を澄ますこと、つまり自分がここに居たいと思えるところを教わることなのですから……。

ある南仏の街角。

第一章

住まいをつくるということ

光を招き入れること

建築家は光を追う、いや光の効果を追うのでしょう。

名だたる建築家、例えばル・コルビュジエもフランク・ロイド・ライトも建築は光によって顕在化することに言及していますが、建築の光による効果を、聖職者が諭すように語ったルイス・カーンの言葉がなかでも印象的です。「構造は光を与え、光は空間を生み出す Structure gives Light, makes Space.」とダッカの国会議事堂スケッチの片隅に書かれていたのです。

建築とは空間を感じなければ意味がない……、そう信じる私ですから、コンクリートであれ木造であれ、四角く囲まれた部屋ができただけでは、それを建築とは呼びません。……仮に仕上げになかなか手に入らない高価な石を壁や床に使ったとしてもです。特別なことではありません。野に咲く花や、遠くに沈む夕陽を美しいと感じられる人なら、空間を感じることは可能なのだろうと思います。

建築の空間とは、そこに定量的な比例があるとか、黄金分割でつくられたものがそれに当たるというわけでもありません。はっきりと言えることは、建築の空間を感じるためには、闇と光が必要だということなのです。

窓から入る朝日に目覚めて、気持ちの良い一日が始まる。そんなことを誰しもがどこかで経験するものです。私も山小屋でそんな気持ちの良い目覚めを経験したことがあります。けれど、これが建築のなせる技だなんて意識したことがある人は稀ではないでしょうか。

建築の設計として、意識して光を捉え始めたのは多分独立してからのこと、自分の事務所を持つ前のクレヨン時代（設計事務所クレヨン＆アソシエイツと名づけた設計事務所を三人の仲間と一九七六年に立ち上げた。私は一九八二年まで）のことだと思います。確か照明計画のことで雑誌社の取材を受けていたなかで、「影があって初めて人は光を意識する、だから光を意識するために影をつくる……」などと偉そうに言っていた頃からではないかと思います。

ただ「気持ちの良い光」といっても光、すなわち太陽光線をダイレクトに受けるからといって、必ずしも気持ちが良いとは限りませ

「トンネル住居」、冬の朝。

ん。そこに広がる景色が目に入ってくることや、あるいは光そのものがかすかに窓辺に差し込むこと。人が光に気づくその瞬間には、必ず光を受け止め、光によってその美しさが際立っている何か（対象物）が存在しているはずです。そうして初めて人は光の気持ち良さに気がつく経験をしている。私たち建築家は光のために、否、光を感じるために、光を相対化する何かを設計しているわけなのです。

朝日を取り込む窓辺には幸せを感じてしまうものです。自分で仕事を始めたばかりの頃に設計した「トンネル住居」では、開口部（窓）の高さ梁下二五九〇ミリに対して庇を一・五メートル出してあることによって、真夏では（太陽高度が高く）室内に光が届きませんが、逆に真冬では七・五メートルほど離れている北側の壁まで届くほど光が入ってくるようになっています。つまりほぼ南面しているこの建物では、春夏秋冬の季節の変化とともに届く光の変化を楽しむことができるというわけです。

照明計画でも同じようなことが言えます。私は天井にあまり照明器具を付けません……空気を照らしたところで明るくはならないことを知っていますし、建築にとって光は古来から、窓のある横から入ってくるものだと思うからです。例を挙げればきりがありませんが、例えば閑谷学校（岡山県備前市）では講堂の火灯窓から入る光によって床が光り輝くのをご存知でしょうか？　室内の光はすべて横から……それが理想的なのです。

　そして、陰影がなければ空間に抑揚が生まれません。繰り返しになりますが、私たちが明るさを感じるのは簡単に言うと光を受ける床板であるとか、受ける何かがあるからなのです。つまり光が当たる対象となる何かが重要です。光の当たるものの仕上げのサーフェイス、光を分散する格子、光を半分受け半分透過する紗だったりするわけですから、「光を扱うことは影をつくること、そして光が何に当たって顕在化するかを探ること」というわけです。

閑谷学校の講堂。火灯窓から入る光に床が輝く。

山田洋次邸（改修）。「深く沈むような空間を」というひと言から生まれた空間の陰影。

光と陰と回遊性

住居にとって、家の中を巡ることが大切だ、と書いたことがあります。

不動産業者の間では、住居形態を表すのに以前よく「うなぎ」だとか「振り分け」という言葉を使っていたと思います。これは「うなぎの寝床」、つまり細長い住まいを示し、「振り分け」は玄関を入って左右に部屋が分かれていることを指します。いずれにしてもこれらの表現は建築の考え方やプランというより、間取りのレベルでしかないのですが、既製のアパートやマンションの類いの標準レベルを示しています。

日本中の一般的な住宅ではかつて、一方通行の行き止まり空間が当たり前でした。いまでも大手ディベロッパーやそれに追随する業者による設計は、相変わらずこの手ではないでしょうか。こうした空間では生活に変化がない定型なパターンが繰り返されます。それに対して、建築内部を巡る回遊空間を通して生まれる生活者の動きは、単調にならず、より複雑で変化に富んだ生活が期待できる。その思いを込めて、そう書いたのです。

　ここで一つの例を挙げたいと思います。「東京下町・回遊住宅」（柴田邸）は、空に抜けた屋外ヴォイド空間を中心として、まさに生活が回り巡るように意図したものでした。明るい日差しを受ける中庭を囲むように、「ロ」の字を描いて連続した一室空間が、あるときは主室の一部として機能する。浴室、トイレの水回り以外は、どこもが中庭に向かって開放できるようになっていて、それぞれ室というよりテリトリー（領域）の重複加減によって、使われ方の意図と連動して空間が変化するというもの。そのため、それぞれの領域には和室と同じような引き戸が仕込まれています。人が集まる本来の主室は、両親の住む家のもうひとつの庭へとつながり、室・庭・室、つまり、明・暗・明の連続が住む人の動きと重なるのです。

　ところで、この建築のクライアントは若いお医者さまで、設計当初、奥さまは身重でした。いただいた条件は、自分たちのこれから予測される生活変化を折り込むこと、欧州へ旅をしたときの思い出

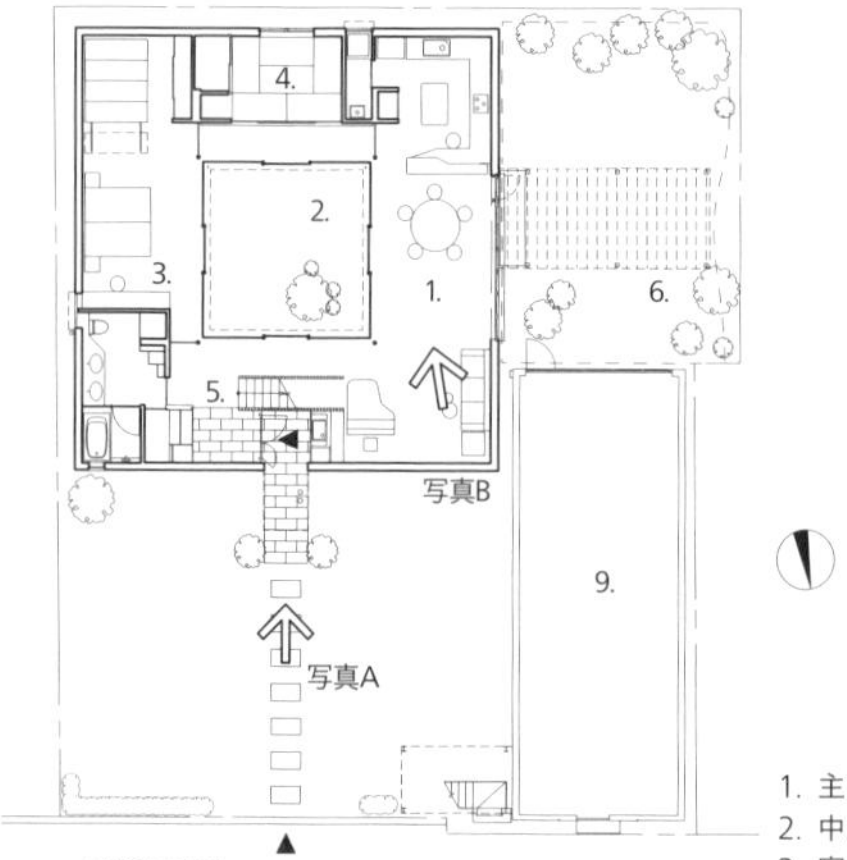

1階平面図

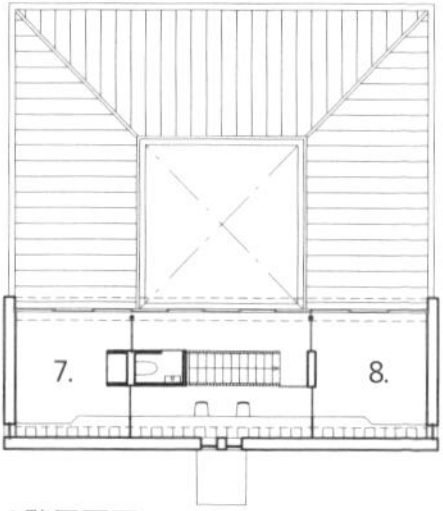

2階平面図

1. 主室
2. 中庭
3. 寝室
4. 和室
5. 玄関
6. 葡萄棚
7. 個室1
8. 個室2
9. 両親の家（改修棟）

「東京下町・回遊住宅」。ロの字型に連続した空間は重複するテリトリーで構成されている（上＝写真B）。

のなかにあったという、外部と内部の連続する関係でした。それはアプローチからうかがえます。私はこの建築に、この家を訪ねる見知らぬ者にとっても、拒絶されず優しくあってほしいという私なりの思いを込めました。

写真でおわかりでしょうか？　真正面左右対称の立面の真ん中にとらえた格子（玄関扉はその左手にとられている）、この格子にはガラスが組み込まれていてＦＩＸなのですが、実は、二階に上がる階段の段板も仕込まれています。段数と格子の桟のピッチを合わせてあるので、横から見ていると階段はわからず、光だけが意識されるのです。

堅く閉ざされた門扉の奥に光り輝く、見えそうで見えない明るい空間に自然と惹き込まれていくように、住む者にとっては確実な私的領域としての安全を保ちながら、明・暗・明の連続がつくられたというわけです。

「東京下町・回遊住宅」（左＝写真Ａ）

窓のこと

窓は建築の重要な部位。なぜなら建築家にとって、窓は空間を切り取る作業と伝授されているから……。

空間を切り取り、空気を遮断することによって外の景色を切り取ること、これをピクチャーウィンドウと呼んでいます。こうしたことは私たち建築家は当たり前にやっています。特に私の建築づくりでは外観を形づくる窓の意識より、建築の内部から外を感じるという意識が強くあります。窓そのものの形も重要ですが、建具の框《かまち》の寸法や納まり、枠のディテールにとても気をつかうものなのです。

それに「窓を開けて空気を入れ替えましょう！」などという言い方自体、そもそも「窓」という単語には外の景色を切り取るばかりでなく、ガラスや網戸という建具のことを含んで使っているように思います。窓の開け閉めの動作はその建築に住まう人、生活のリズムや気持ちを左右する重要な課題を含んでいるというわけです。

そもそも一番すっきりとしているのはハメ殺し、ＦＩＸの窓です。余計なもの、つまり框や取っ手、ヒンジなどの金物もない。何もないから単純で、美しい景色を切り取るにふさわしい姿と言えます。そして何より建築が無口になるのです。気がついたのは、若い頃に入り浸っていた吉村順三先生が設計した別荘での経験からです。先生は縦框を隠した隠し框の引き戸を使われることが多かった（普通の引き戸は枠があって、さらにその枠に縦框が当たって戸締りができることになるのだが、隠し框はその框が縦枠に重なって一本に見える）。ほのぼのとした嫌味のない設計なのに、先生の建築がいくぶんシャープに見えるのは、こういった景色の切り取り方とディテールによるものでしょう。

ところで、「窓」の大きさも際限がありません。どこまでが窓でどこからガラスの壁なのだろうと思うことがあります。私は窓の設計ではどんな大きさであろうと、次ページのＪ邸のように一見ＦＩＸガラスに見えても、必ず開くように心がけます。開くという開放感が好きですし、人の批判、何だＦＩＸか？（美しいけど納まり的には簡単）と思うことや開かないのではないか？という思い込み

吉村順三設計「山中湖の山荘」。

J邸、開口するガラス壁。

を裏切ることが好きなのです。だから、とても開くとは思えない大きさのガラス壁が動いたり、出窓を箱のままスライドさせたりすることも考えたくなるのです。

具体的に経験してみないとわかりにくいかも知れないのですが……窓自身が建築に属しているのか？　それとも建具（動くモノ）に属しているのか？と問うたとき、多くの人は建築に属していると思い、動かないモノだという先入観があるのではないでしょうか。しかし私はその先入観を裏切るのが好きなのです。

風を感じること、外とつながること

窓のところでも少し触れましたが、外部、つまり外との繋がりで言えば境界などない方がいい。いや見えない方がいい、気がつかない方がいいと思います。

家には本来、外敵から私たちを守るシェルターとしての役割があります。外敵というと大げさですが、外部環境から快適さを守ることと言い換えてもいいでしょう。厳しい季節や極寒の地・灼熱の地であればなおさらです。もっとも、私たち日本の地で言えば幸い四季の季節がありますので、その寒暖の差や、季節が巡り冬のどんよりした季節から春を迎える変化に気づかされることの嬉しさは何事にも代えがたいものでしょう。ともあれしかし、家という建築の本来論であったり、今日社会的に求められる環境性能で言えば、例えばドイツの断熱性能の基準などは開口部、つまり窓の性能にはうるさいものなのです。

私はそんなことより、細かい性能は知らずとも、寒くないとか、気がつかないうちに暖かくなっているとかの方が良いと思っています（性能はもちろん大切ですが）。暖房機の性能を問うのは良いのですが、私たちの暮らしのなかでは、生活には、暖房の機械が欲しいのではなくて、暖房による暖かい空気・環境が欲しいのですから……。

　このような視点に立って、住宅にとって、外部との境（境界）では、自然な振る舞いのなかで外の気持ち良さに触れられたりすることの方が良いのではないかと思っています。窓を開ければ風を呼び込む（風が抜ける）ことができたりするのは当たり前だと思うのです。

　風は出るところがなければ入ることはありません。空のペットボトルの口を咥えて吸ったところで、口に空気は入ってきません。ペットボトルの中が負圧になるだけだからです。風を呼び込みたいとすれば、実は、風の入る口と反対側に出る口を同時に設計しなければならないのです。同じように、換気扇をつけたところで、入る空気がなければ煙は出てゆきませんのでご注意を。

　もう一つ……テラス戸のように室内から外部に出ていけるような引き戸や扉で言うなら、窓のところで述べたように枠周りが大切です。なかでも特に敷居のディテールに気をつかわねばならないのです。一つには敷居と建具の仕舞い。外の風の強いときの雨仕舞いであったり、風の吹き込みをここで防いでくれているのですが、同時に、生活上の人の五感では唯一いつも建築に触れているところが床だ、ということを忘れてはいけません。少しの段差、否、ほんの少し足裏に触っただけで、私たちは床の素材まで感じ取ることができてしまうのです。気持ちよく外に出ようというときに、敷居をヨイショと跨ぐのは最低ですし、できれば床に現れる線すら消したいと私は思います。

岐阜ひるがのの杉浦別邸開口部。

距離とテリトリー

先生この部屋は何平米くらいあるのですか、と図面を見ながら訊かれることがあります。その質問に答えたとして何かわかるのでしょうか。

例えば三・六メートル×三・六メートル（二間×二間）だから八畳くらいですかねと答えると、和室の八畳間からの比較でなんとなくわかった気がするのですが、これも現代的な建築のボリューム・仕上げ感と、単に和室の八畳間とではかなりの違いがあります。この二つの空間では受ける印象が異なることはおわかりでしょう。つまり設計にとって必要な面積とは、建築計画学で扱うような絶対面積ではなく、あくまで相対的な人に与える感覚の問題なのです。

住宅でも、居間的な空間は広ければ広い方が良いと思われがちですが、そうでもありません。ではどうやって適切な広さを決めることができるのでしょう。どのように建築家はその面積を決定していくのでしょうか？　もちろん物理的に動作ができないとか、工学的に聴こえるべき声や音が聴こえないとかは問題外として、普通の建築家とは違うかもしれないけど、私の場合は猫を観察することで気づかされることが多いのです……。

　そういうとふざけているように聞こえるかも知れませんが、本当なのです。猫は好きなこと自分のしたいことをするわがままな動物ですから、嫌なことはしません。そして自分にとって気持ちの良い場所、環境をよく知っています。用心深く、知らない人の足音や匂いには敏感です。「猫は気ままだから呼んでも来ないんじゃない？」という人がいますが、信頼を置く人が呼べばちゃんと近寄ってきますし、「何かご用ですか？」と訊いてきます。また恋人のように寄り添ってきます。人が数人でお話をしているときには仲間に入ろうとするのですが、普通は皆さんの会話を邪魔しようとはしません。……この距離感が絶妙で素晴らしいのです。人間の感覚より敏感で繊細ですから、建築家も猫の気持ちがわかるようになれば一人前というわけです。

　話は面積のことから遠ざかっているように思われますが、こんなことから、私は建築のなかで起こることを考えます。つまり、暮し

のさまざまな場面で人はその距離感を定めるわけですが、テリトリー、すなわちソファーの置き方や向き、あるいはダイニングテーブルと椅子の引き方、食事にあたる光、キッチンでつくる料理の匂い……などなどを気にしなければなりません。だから一概に一人当たり何平米などと決められるわけがないのです。

　人との会話は、四メートルを超えると成立しなくなると言われています。しかしながら、南向きの開口部が仮に二・四メートル以上の天井高があった場合には、部屋の奥行きは四メートル以上ないと窮屈と感じてしまいます（住宅の設計ではもっとも注意すべきところ）。一方、開口部が低く、また限られた寸法である場合には、その窮屈さは消えて、逆にインティメート（親密）な空間となります。例えば「光と陰と回遊性」で例に挙げた中庭に面する窓の高さは一・四メートルほどしかありません（22ページ）。

　ことほど左様に空間のしつらえは、光の入り方（あるいは窓の外の景色）ひとつで変わってゆくという寸法意識が必要なのですが、実際には、ここに開口部の材質（木建具、アルミ、スティール、ステンレス・

サッシュ）や天井・床・壁面の材質が関わるのですから、寸法だけに法則が隠れているわけでもないのです。

さて、私の自邸「トンネル住居」という建築に現れていて、その後もずーっと私の仕事の根幹になる考え方・設計コンセプトには二つの重要な要素があると思っています。一つは「環具」。いま一つは「テリトリーの概念」という考え方です。建築計画学で教わる「何には何平米とるべし……」的なことから設計を進めるのではなく、人の必要とする広さとはそのシチュエーションの関係で決まるというものです。

もう少し猫の話をしましょう……動物を飼っているといろいろなことに気づかされますが、私も昔から猫を飼っていて（いや、子どもの頃から一緒に育ったというべきか？）、例えばこうです。猫にも性格がいろいろで用心深い子もいれば、人が集まると仲間に入りたがる子もいる。あるとき、人なつっこいはずの猫が、初めて会う人と慣れ親しんだ人とでは、会うときの距離が違うことに気がついたのです。しかも自分の領域と他人の領域、親しい人の領域をわきまえているのです。また、人（客人）がいるときに、その様子を伺うようにコーナーのところで立ち止まり姿勢を正すときがあります。つまりこれらの猫の行動は、私たち人間にも十分通用する教えとして考慮しなければなりません。

「テリトリーの概念」とはこのことですが、「トンネル住居」にはこの概念が応用されています。つまり……この「トンネル住居」は東西にＲＣ打ち放しの壁と南北に抜けたトンネル状のヴォイドがあって、約四十畳の一室空間です。そのほぼ中心

「トンネル住居」の環具（写真左）。

に四五度に振れたBOXが配置されています。その四五度に振れたBOXが「環具」の原型ですが、中身は厨房・キッチンです。しかしこの建築、実はRCの軀体とそのBOX（環具）の間に三つの空間ができるのがミソで、この空間は自然に三つの機能的領域に

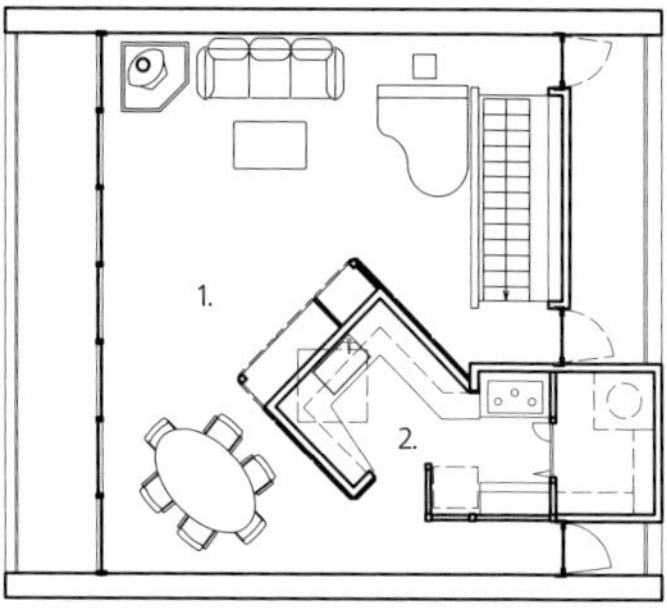

1. 主室　2. キッチン

「トンネル住居」2階平面図

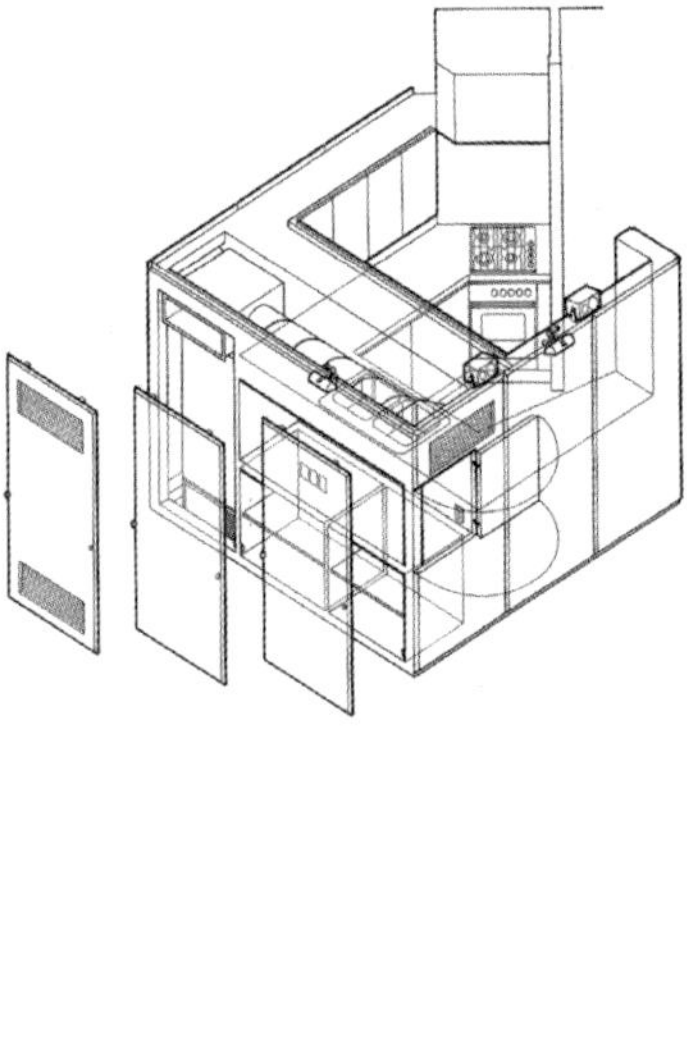

三つにわかれるテリトリー・領域（上）と環具（下）。

分かれます。つまり、階段から上がってきたときの「前室的領域」、大きく広がる「居間的な領域」、そして食事をとる「ダイニングの領域」で構成されるというわけです。

建築空間を言葉で説明するほど難しく、虚しいことはありませんが、これまであたり前に採用されてきた、田の字プランに代表される仕切り壁によって機能的領域を箱化して分けていくのではありません。ＢＯＸ環具のコーナーの延長にあたかも見えない壁があるが如く結界をつくり、それぞれの機能を付かず離れずの領域に分けたり、広げたりしてくれるワンフロアーの一室空間なのです。ここでつくられたのは人（猫）の気持ちを操作する結界です。空間が自由に広がったり縮んだりとは信じがたいかも知れませんが、実際の生活空間が、人のいる場所によって変化するというわけなのです。このことの発見が「テリトリーの概念」というわけで、「トンネル住居」とはこのテリトリー・領域の操作と「環具」という設備ＢＯＸとセットで構成され、つくり出された建築なのです。

建具のこと

窓や外部との開口部のところでお話してきたことと重複するかも知れないのですが、「建具」とは何でしょうか。

建具とは扉とか窓のことですが、実は何かと何か、例えば内部と外部だったり、寝室と廊下だったり、収納の中と外だったり、普通は別の機能を持つ二つの領域を分けたりするためのものです。しかし開けたり閉めたりする人の気持ちになると、（建具そのものの良し悪しというより）すでに建具には意識が向いておらず、建具を開けた次の場面に意識は飛んでいることの方が多いわけです。建具には、動作の途切れがなく言わばスムーズに開き、スムーズに閉まることがまずは第一だと思います。

ところが、例えば玄関扉ならその見え方、立ち振る舞い、材質に加えて、その重さを感じることが必要だとも思いますし、ラッチの締り具合・音なども安心感を左右します。しかし、重ければ良いというわけではなく、逆に台所の吊り戸棚の扉などは軽い方が良いのだから困ったものです。

ケース・バイ・ケースだと言えば当たり前ですが、私の設計では、一番軽くつくる台所収納の建具ですら、単なる両面フラッシュ（通常薄い三・二ミリのベニヤに突き板を練りつけて中は空洞）のところをランバーコア（ブロック状に木材を接ぎ合わせたものを芯材にして合板を挟み込んだもの）に厚づきのツキ板か、できれば薄くとも五ミリ以上の単板を両面に使いたいと考えています。いくら軽くつくるといっても、扉を触ったときに中が空洞でポコポコ鳴ると、ガックリくるのではないでしょうか？　さらには住宅ではあまりないことですが、常時開いていることを基本としている非常扉など、火事などの非常時にだけ閉まる建具がそこにあるとは気づかせないようにすることもあるわけです。

私が設計した住宅で、玄関を入って真正面に、どうしてもトイレを含むバスルームの扉をつけなくてはならない場面がありました。お客人が家の中に導かれたとき、正面に扉があるとそれが何の部屋かと想像してしまうものですからいけません。玄関でいきなりその

稲田邸玄関の正面、L字型の扉（203ページ平面図参照）。

中身（内側）を想像させたくないわけです。

ここでは廊下の幅もゆとりを持たせたかったこともあって、四〇センチメートルくらいの幅でカタカタカタと壁が斜めに、ギザギザに見えるようにしたのです。つまりそのギザギザの壁を見た人が到底建具だとは思わないけど、実はＬ字型の扉だったというわけです。

またトイレといえば、人が集うリビングルームに隣接してトイレをつくらなければならないことがあります。お客を招いてくつろいで過ごしたり、ときには飲み物を口にすることもある居間の隣にトイレが位置するのは、あまり嬉しいことではありません。人びとが集う居間では、そこから直接トイレに人が入るという行為もさることながら、トイレの存在すら消したいものです。

Ｊ邸では、人を招き入れる玄関の正面に位置する環具は、リビングルームからダイニングへと導くための、プライベートな空間への階段、また書斎へ、さらにはトイレへとつなぐジャンクションとしてワンクッション入れるための仕掛けの役割が大きく、人びとはこの環具をくぐって間接的にトイレへと繋がるように設計してあります。ことほど左様に設計作業というものは間接的なものの連続で、何が言いたいかと言えば、つまりは建具のことを考えていると建具そのものの話ではなくなっているということです。

人の行動の継ぎ目に当たるのが建具ですから、設計者は人の行動の前と後を考えるのです。

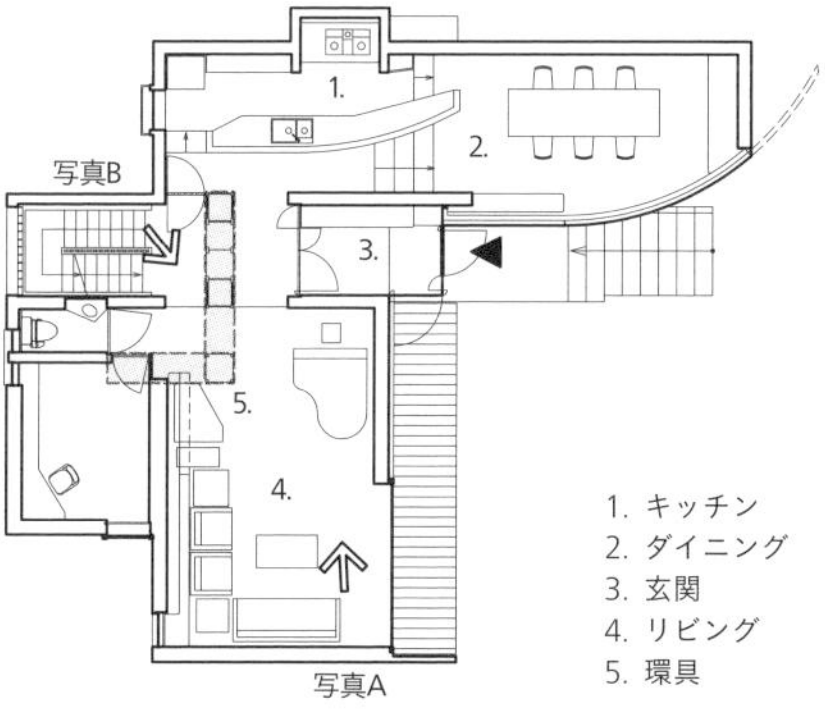

1階平面図

上の写真Aの環具の左奥にトイレが隠れている（J邸、右頁＝写真B）。

素材のこと、仕上げのこと

もちろん私が直接聞いたわけではないけれど、C・スカルパ*は息子トピアにこう言って聞かせていたと言います……。

「もし私が二メートル幅の廊下を設計するなら、打ち放しの床にするだろう。それが一・五メートル幅だったら、左官仕上げにしなければならない。また一メートル幅であるならば、上塗り仕上げの上にさらに塗装をかけるだろう。それが八〇センチメートルの幅であるなら、スタッコ塗りの優れた職人を探しに行かなければならない。そして、もし五〇センチメートルの幅であったなら、きっと黄金の仕上げにするだろう……」と。


終始床について語っているのか、あるいは狭くなった廊下の壁についても語っているのか正直わからないのですが、それだけ目が近い状態、狭く、身体が近い状態であるなら、建築家はより繊細に注意深く仕上げを考え、決定しなければならない……ということを言い聞かせているのでしょう。確かに目が近くなるとき、あるいは直

*―― 一九〇六年イタリア・ヴェネツィア生まれの、若い頃からマエストロと言われた最後(?)の建築家である。材料やディテールに長け、自然への崇拝はフランク・ロイド・ライトにも通じる。日本の芸術もこよなく愛し、一九七八年に仙台で客死しているが……、たぶん中尊寺の金色堂に向かっていたのではないか?

息子トピアも優れた美しい家具をデザインしています。

に手で触れるようなもの、例えば階段の手すりやドアの取っ手、収納のつまみなどには細心の注意が必要です。

　私には旦那芸的な趣味はないので、ことさら贅を尽くした貴重な材料をわざわざ取り寄せてつくらせたことがありません。しかし、こういうこだわりはあります。例えば、床を石でつくりたい、しかもどこまでもフラットで目地がなく光輝く床でつくってみたい……。

　もちろん天然石でどこまでも目地なしなどできるわけがないので、床全体をテラゾー（天然大理石のチップを入れた左官仕上げ）で研ぎ出してゆくことにしたのです。当時これをやる職人も見つからず、自分たちで機械を借りて研ぎ出したこともありますし、そのテラゾーである住宅（保坂邸）の玄関の靴脱ぎ（式台）を自ら研ぎ出したこともあります。

保坂邸玄関の靴脱ぎ・式台。

あるいは建築ではありませんが、茶室に向かうときに手を浄める「蹲い《つくば》」の例が挙げられるかも知れません……。ある茶室の仕事で蹲いをつくったときのことです。蹲いそのものを新しいデザインで考えたかったのですが、高価な石を削り出してつくるほどコストもかけられなかったので、コンクリートでつくることを考えました。

しかしコンクリート製の蹲いなんて使い物になるのだろうか？　そこで私はコンクリートに那智黒石を骨材に使って、強化ガラスを挟み込むことを考えていました。形を整えて丁寧に小タタキを施せば、黒の骨材が落ち着きを放ち、透明強化ガラスの小口を磨いて光が貫通する、しかも湧き水の如く水が湧き出る蹲いになるはず……といってもガラスを全面挟み込むとコンクリートはふたつに割れて使い物にならない。

しかし、いや待てよ、こうすればできると確信したとき、それまでの苦労が喜びに変わるのです。……鈍く光る小タタキを施したコンクリートの間から、陽の光が強化ガラスを貫通して水が輝いたのです。

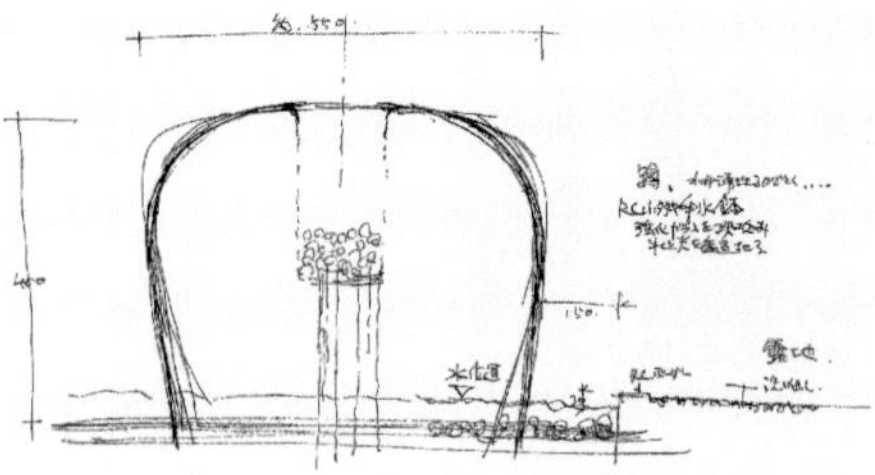

蹲いの断面スケッチ。

ガラスを挟んだコンクリートの蹲い。

家具のこと

建築には家具がつきものです。……建築は外部空間をつくり、家具は内部空間の生活をつくる、と普通は思われているようです。

わが国は西洋から様式建築を学び、明治時代以降は社会構造も近代的なものへと進んで来ました。つまり私たちは西洋の建築観に大きく影響を受けていて、外観の様式（表層）と、機能別に名づけられた箱（部屋）の累積に、その箱の機能に従う単品の家具を配置していったと言えるのです。寝室の箱にはベッドを、居間の箱にはソファーを、そして食堂の箱にはダイニングテーブル＋小椅子を、という具合です。

私は照明器具やドアノブなどのプロダクトデザインをするように、単体の家具をデザインすることがあります。家具以外のプロダクトデザインのときと同じように、世の中に既製品で良いもの、気に入ったもの、つまりは自分の設計している建築に合うものがなければ、自分で設計開発する他はないからです。

かなり前、代官山のヒルサイドテラスや横浜のニューグランドホテルにガンプスという宝飾を始めとする洋風雑貨の店が出ることになって、私がそのインテリア・デザインを任されたときのことです。ガンプスは、ニューヨークの東のティファニーと並んで、西のガンプスと呼ばれ米国西海岸では有名な老舗です。ガンプスは伝統的にクラシックな雰囲気のなかにオリエンタルな匂いを醸し出すことを良しとしていたのですが、ここで使う椅子は既製の有名デザインのもので事足りず、新たにデザインすべきだなと感じました。それが私が単品の椅子をデザインした最初です。

　またちょうど同じ頃、私が設計していた住宅では、いわゆるダイニング・キッチンとかリビング＋ダイニングといった一室に二つの機能を詰め込むのではなく、独立したダイニングルームを設計していました。世の中の既製家具にも良いものも多くあるけれど……有名なデザインのやれカッシーナだ、やれKnollだハーマンミラーだといっても、すべては当たり前だけど洋風なのです。西洋人がデザインした西洋の家具、つまりよく考えてみると、ダイニングチェアは洋室で洋食を食べるための椅子なのです。

私の設計していた住宅は和風というわけではありませんでしたが、日本的な落ち着いた質感を欲していました。日本ではフレンチ、イタリアンなどの洋食も食べますが、普通に家庭で和食も中華も食べます。設計していたダイニングルームのダイニングチェアには、和食にも似合う清楚な椅子が欲しかったのです。しかし、和食に似合う椅子なんて世の中にはありませんでした。……こんなことから私のデザインしたZen Chair*が生まれたというわけです。

私にとってはこのような単品の家具以外は、建築と家具の境目はありません。それは建築の外部と内部の境目がないように思考するのと同じです。家具がそのまま大きくなると「建築」と呼ばれるに過ぎないのではないかと思うのです。

いや待てよ……本来日本の伝統的な木造家屋ってそうなんじゃないでしょうか。和室の床の間を想像してみると良いのですが、床の間とか床柱って建築なのでしょうか？　さらに考えてみると、床の間に琵琶床《びわどこ》という本来楽器の琵琶を置くための一段高くなっている台がついているものがありますが、これは建築なのでしょうか？

桜の無垢板タイプの「Zen Chair」(右)。小林邸のダイニングのものはビーチ材に座と背はホースヘヤー。

*―― Zen Chairは、ムクの木(日本の桜、アメリカンウォル

それとも家具なのか……。

古来の日本建築には唐戸・唐物などと呼ばれる、中国から伝わった独特な形を持ったものや、火灯窓など建築か建具かはっきりと区別できないものもあります。私の設計手法のなかで建築とも家具とも呼べない、建築と家具との中間的な設えから細やかな生活づくりをするものを改めて「環具」と呼んでいるように、そもそも日本建築全体が、建築というより環境をつくり出す家具と言えるのかも知れません。例として最もわかりやすいのはお茶室でしょう。思い浮かべてほしいのですが、お茶室では家具の中に入り込むような設えとそこに込められた異次元の世界観が、実寸法を超えて巨大な宇宙をつくり出しているではないでしょうか？　言い換えれば、私は意味的に建築全体を家具（環具）と捉えて思考することが多いのです。

家具と建築の境目はないと述べましたが、留学していた米国から帰り、飛行機に乗ろうとしていたときのこと。J・コロンボが死んだというニュースをラジオで聞いたような気がします。J・コロンボとは一九六〇年代から七〇年代にかけて活躍したイタリアのデザ

ナット、ビーチ＝ブナ）に座と背にホースヘヤー（馬のシッポ）またはコードバン（馬の尻の皮）を使ったものの組み合わせのタイプがある。原初的な形態は中国で生れた。

桂離宮の書院。

イナー（建築家）です。彼はインテリアデザイナーですが、インテリアの装飾とか単品の家具のデザインという次元を超えて、建築の空間（あり方）に挑戦していました。彼のデザインを見ると、いままでの「家具」という概念から離れて「空間装置」という見方の方が正しいように思えたものです。

私が最初にJ・コロンボを認識したのは一九六七年発行の『Abitare Oggi』に掲載されていた仕事を見たときです。Combi Center（Berniniプロデュース）と呼ばれる、円筒形の収納棚がスタッキングされて構成される塔状の木製収納家具と、同じく木製のキューブ（コンテナー）がパタパタと屏風のように開いて中からテーブルや鏡が出てくるというものでした。彼のデザインにはいくつかのキーワードが隠されています。「小さくたたむ大きく使う」、「ムーバブル（可動性）」などの使用者の自由度を高めた考え方であったり、生産者にとっての「工場生産性」やディストリビュートのための「運搬性」についても思慮深いものが多いのです。また、デザインの創造性にかかわることですが、彼が先ほどのコンテナー型収納家具に初めて「男」と「女」という概念を導入したことも注目に値します。

J・コロンボは家具と建築内で起こるコト（出来事）とを結ぶ広い意味での建築に挑戦していたといえるのではないでしょうか？

環具とは住「環」境を左右する家「具」……すなわち環具なのです。この言葉は私がつくったものではなく、六〇年代の後半（七〇代の初めだったか？）にはこの言葉が登場しています。もっとも当時から米国のチャールズ・ムーアなどはジャイアント・ファニチャーという言葉を使い、巨大化した家具的な意匠で内部空間を構成していましたし、遡れば一九二〇年代後半には、E・グレイが仕掛けつき家具を多くデザインしています。

ともあれ、私が環具という言い方で設計に取り入れているものは、単に不思議な動き方をする仕掛け家具というだけではなくて、それがあることによって、人の動きが制御されるが如く空間に働きかけるものを言うのです。

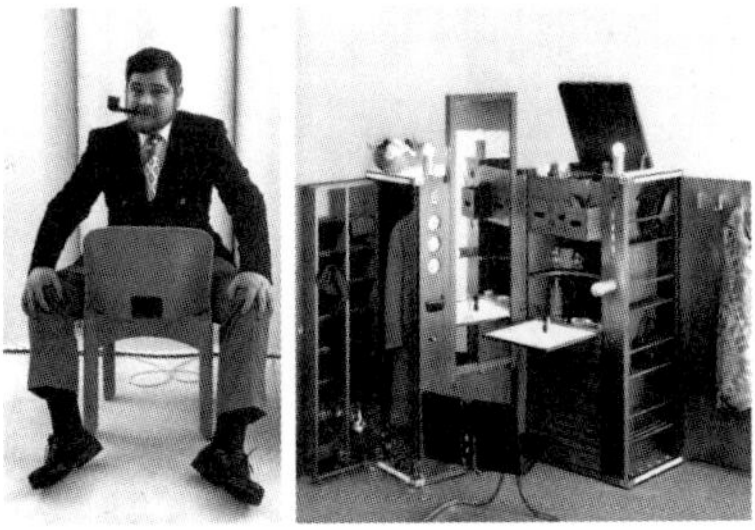

収納棚「Combi Center」とJ・コロンボ。

アトモスフィアについて

私の設計手法ではテクニカルなこと以前に重要なAtmosphere（アトモスフィア）という言葉があります。空気感とも雰囲気とも訳されていますが、日本語にはぴったりの言葉がないようにも思えます。ペーター・ツムトア*の良い本に、題して*Atmosphären*というものがあります（二〇〇三年の講演記録）。この言葉は「空気感」といっても良いのですが、建築の空間に包まれている人びとの共有意識といった方が良いと私は思っています。

彼がこの言葉を使って、自分の建築に向かう姿勢について語っていることに私は少し驚きました。ツムトアは必ずしも自分の作品を例に挙げているわけではありませんが、いろいろな場所で自分が受けた印象を、あるときは詩的に、あるときは古いことわざを用いて心の動きを語っています。自分はその場所でなぜそのような感情を持つのだろうか……そんな問いから自分の建築に潜む思いを語っていて、読者は思わずそのシーン、ツムトアの語る空間に引き込まれ

*—— ペーター・ツムトアとはP・ズントーと書かれることもあるスイスの建築家。現役の建築家では最も尊敬すべき仕事を残し、影響を与え続けています。

て行くのです。……その語り口が羨ましくもあって、私が今回の本でこうして下手くそな説明をもとに建築の思いを解き明かす必要もないかも知れないと思わされるのです。

しかし、建築の空間設計にこのアトモスフィアという言葉を用いたのは、多分私の方が先だろうと思います。何しろ私の大学の卒業設計のタイトルが「アトモスフィア」だったのですから……と悔しさまぎれに言っておきます（それは一九七一年のことでした）。

水回りのこと（コアの話）

水回りとはキッチン、風呂、トイレやユーティリティなどの水を使うところのことです。ほとんど、否、すべての住宅に上下水道の設備配管が必要なので、設計者は普通、配管距離が長くならないように、つまり無駄のないように考えるものです。

すなわち住戸プランでは、水回りをあまりバラバラに配置するのではなく、できれば住宅全体の中心だったり、階数が複数なら上下を同じ位置で縦配管もストレートにつながるように考えるものなのです。お湯が欲しいとしたら、熱源に何を使うか？から始まって（電気・ガス・石油）、その使いやすさ、エネルギー供給量、あるいは設置イニシャルコストについて、また長く使うことを前提とすればランニングコストも気になるところです。使う量にもよりますが、熱源と使うところの距離を短く、水が手元でお湯に変わることができれば一番なのですから、熱源は必要なところに必要なだけ個別に用意するという手もあるはずです。

ただ、ここまでは設備設計の効率の話。望むらくは、建築上の形態（平面計画）であったりその仕上げと連動して、さらに住人の生活上の動きをスムーズにコントロールできるようにすべきではないでしょうか。

またまた自邸「トンネル住居」の例で申し訳ないのですが、このプラン（平面）を見ていただければ、簡単にわかるかも知れません。「トンネル住居」ではキッチンが平面全体のほぼ中心にあって、給湯器と近く、必要な水回りは一、二階とも同じ位置に重なっています。また、家具内に隠された空調機は二階平面形のほぼ中心に位置し、三方向に均一に空調が行き渡ることになります。

このキッチンコアは家具化されていて、キューブ（環具）ごと軀体に対して四五度に振れているため、キューブの外側では「附室」「リビング」「ダイニング」という具合にそれぞれにテリトリー（領域）が自然に創られることになります（38ページ参照）。

つまり、このキッチンコアとなっているキューブは水回りだけでなく空調のコアでもあるし、コアであるキューブ状の大きな家具（環具）と軀体の間には、設計計画上、生活の主体空間が同時に生み出される仕掛けとなっているというわけなのです。大事なことは、設備は設備だけが独立してあるわけでないということです。ましてや設備屋さんにお任せなどはもってのほか。設備設計は建築の計画（つまり生活者の動き）とセットで考えなければならないのです。

もう一つ付け加えることがあるとすれば、メンテナンスのことでしょう……一般的に、建築が耐用年数内でシッカリしていたとしても、設備は約十年で古くなります。また新機種が出てきますので、配管を含めて取り替えが可能であるのはもちろん、その作業が容易である方が良い。そのため特にマンションなどの集合住宅では、水回りのところだけ、逆スラブにして床上で配管すべきなのです。

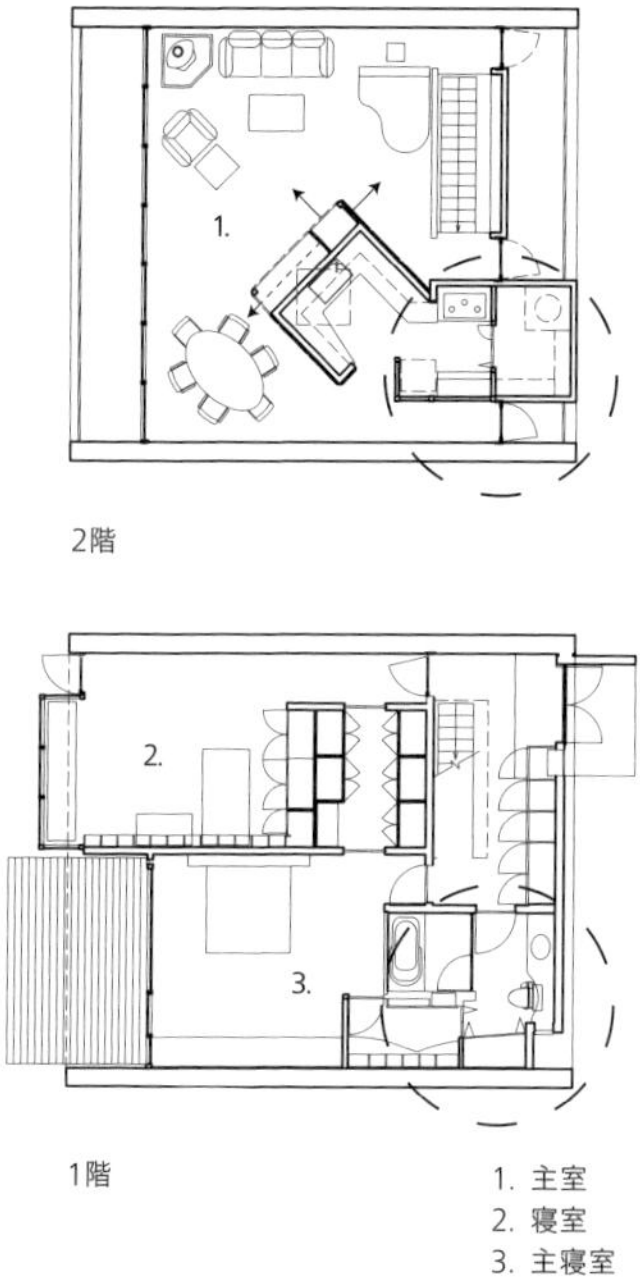

上下に関係する水回り（「トンネル住居」平面図。矢印は空調の吹き出し方向）。

緑のこと、庭のこと

自然の緑にはいつも癒される……自然の素晴らしさや脅威をいまさら申し上げることもありませんが、動物は（人間も）自然の緑とともに生かされているのだから、人の住処である住宅は緑とともになければなりません。庭付きの住戸がかつては当たり前のことだったのですが、特に都市部で一戸建ての住戸が減少してからでしょうか、いつの間にか、庭付きの住宅の並ぶ住宅地というものが消えてしまいました（この辺りのことに触れると日本の土地価格の高騰させる政策を説明したくなるのですが、ちょっと我慢して緑と庭の話を進めてみたい）。

幸い私の両親は緑が大好きで、庭の四季の変化をいつも楽しんで、父はなぜかクチナシ、椿が好きでよく愛でていました。クチナシは匂いがいいのが特徴だけれど、クチナシも椿も開ききった後が汚いので私はあまり好きではありません。……季節の移り変わりを知らせてくれる緑は可愛くて、頭が下がります。最初に春の訪れを知らせてくれるのはクロッカスでしょうか？　続いてコブシ、白蓮、早

咲きの桜（カワヅザクラ）でしょうか？　そしてソメイヨシノの前に桜にそっくりな花を咲かせるアーモンドもいい。両親ほど植物のことに詳しくはありませんが、いろいろな方に教わったり、自分でも失敗を繰り返していると少しずつわかってくるし、より興味が湧いてくるものです。

私には力強い味方がいます。庭や緑の計画をいつもどうしたら良いか、ここは美しく整えたいと思うときにヒントをもらうというか、お願いをする中谷耿一郎さんです。彼との出会いはある建築誌に連載をされていたものを読んでいて、その雑誌の年末のアンケートに彼のことを少し触れたのが始まりだったと思いますが、そもそも造園家というのはいくつかタイプがあります。

①一つは植木屋さん上がりで和風の庭造りが得意な方で少し小難しいタイプ。②いま一つは環境派と言おうか植物の生態系には詳しく、地球全体の熱環境を考えるのは良いのですけれど、屋根の上にぺんぺん草を生やしたいタイプ。

そして③最後には当時（バブルのときなど）に割ともてはやされた、

中央のモミジを生かした籏別邸のアプローチ。上は設計前、中谷さんと活かすべきモミジを見ている（赤い服が私）。下は設計後、同じ位置からの写真。

アーティスティックな仕事をされて、刈り込みなんかをストライプにしたがるタイプの方々がいらっしゃるのです。

しかし、中谷さんはそのどのタイプにも与《くみ》せず自然なのです。自然というと語弊があるかも知れませんが、「自然に見える」仕事をするのです。

ほったらかしの自然は必ずしも良いわけではなくて、人の手が入って初めて、私たちは美しい自然を手に入れることができるのです。もちろん異論はあるでしょうが、都市生活、現代生活に居住するための美しさとは、まったく手付かずの自然ではないのですから……。中谷耿一郎さんとはたくさんお仕事を一緒にさせていただいたのですが、いつも感心するのは、私の設計した住宅が昔からそこにあったのではないかと思わせるように、座りの良い環境をつくっていただけることです。奥行き・距離感を人の心地よさと合体させるとでもいうのでしょうか、私にとって心強いパートナーなのです。

佐野別邸（蓼科の週末住居）。中谷さんとの最初の仕事。

構造のこと

「構造」と聞いただけで難しい！　わからん……とアレルギーを起こす方もいらっしゃるかも知れません。アレルギーを持つこともないのですが、建築の成立させることにおいては最も重要なところと言えます。

日本は地震国ですし、毎日のようにどこかで地震が起きています。それに抵抗してしっかりとした構造をつくることが求められるのは当然と言えば当然なのですが、ここで優しく構造計算の仕方を述べたところで読者には何も面白くもないと思います。否、実は私自身は構造について天才的ひらめきを持っていると自負しているものの、構造力学（構造計算）を大学で学んだことがないのです（いまさらですが……大昔に一級建築士の試験にどうやって合格したかさえ不思議なのです）。

建築の構造で問われるのは力の流れです。人の生活を支えている床とか、雨風を凌いでいる屋根が傾かないのは、どこかでそれらを支えている壁や柱があるからですが、その支えている力を早く下に、つまり地面に流してあげることなのです。それらの力の流れには大きく二つあり、一つは地震時の力、つまり横に動く力をどうやって抵抗させるかということと、もう一つは上から下にかかる鉛直荷重というわけですが、下から支えるばかりでなく、上から吊ることも考えられるのです。……なかには、貝殻のようなシェル構造だったり、風船のような空気膜構造などもあるので、これ以上は少々難しくなります。要はそれらをどうバランス良く利用するか？ということになります。

さて、建築を見る（理解する）のに最も大切な視点も、構造がどうなっているかを見抜くことができると、その建築の良し悪しや、優れたところを理解することができます。

建築は骨と筋肉と血管・神経と皮膚に分けられます。骨が「構造」で、筋肉は「内部の肉付け」、血管や神経は「設備」、皮膚が「外観」と言えます。しかし最近では人の着る物のファッションや顔の化粧と同じように、お化粧がかなり進んでいますから、ついつい惑わされてしまいます。そこで惑わされないためにも、構造である骨格を見ると（想像できれば）その人（建築）の本当の美しさが見えてくるというものです。

建築は、そのシルエットを見ただけで、有名建築なら誰々の設計……、と設計者や作品名もすぐわかります。同じように、初めて見た建築であっても、骨格である構造の成り立ちがわかると、その建築が何を意図していて、何を表現しようとしているのかがわかります。建築とはいろいろな場面・シチュエーションでその表現方法も変わりますから、その時代性も素直に出る（表現される）というものです。……その建築の成り立ちと言いますか、構造の成り立ちを見ることによって、表現や時代性を超えたお化粧でない、素っぴんの真顔が見えてきます。

また、建築は洗練させるだけでは意味がない！と言われます。……私の建築についても誤解され、そう揶揄されることがあります。そう、確かに建築を綺麗にセンス良くまとめるだけでは、これはお化粧ですから意味がないのです。建築は美しいことが大切なのであって綺麗に整えることが重要なのではありません。そして、その美しさを見るにはその建築に空間があるか、空間を感じることができるかどうか、建築の成立過程も、ハリボテでなく構造を含めて、美しくその空間が成立しているかどうかを問うことなのです。

岐阜ひるがのの杉浦別邸、一つの例として。
【外観】この建築はRC・鉄筋コンクリートと木造のハイブリッドです。冬は雪深い土地なので、生活レベルが雪に埋まらないように地面から四メートルほど浮かせてあります。二階の床はコンクリートの部分から木造の床梁がキャンティレバー（片持ち梁）で両サイドに張り出しています。実はその床梁は先端部分を多面体の屋根（面状トラスで構成されているので強い）から吊っているのです。言ってみれば、ヤジロ兵衛のようなバランスド・キャンティレバーというわけです。
【内部空間】多面体の屋根で構成された、柱や壁のない一室空間が成立しています。
構造家アラン・バーデン氏とのコラボレーション。

日本らしさとはなにか？

モノには力がある。モノは発言する。……つまり障子、畳などを使えばすぐに、粋だ日本だと喋ってくれるので、それなりに和風のテイストになってくれます。

私は、意識してというか、わざわざ日本建築をつくろうと考えたことはありません。自分自身が日本人なのですから。普通に日本的なるものが染み込んでいるので、わざわざ意識することもないというわけです。ではどのようにして日本建築の素晴らしさを学んできたか。私は日本建築史を専門にしているわけではないし、造詣が深いわけでもありません。ただ空間体験として感銘を受けた建築を紐解くとすると、以下のような建築が挙げられます。有名すぎるかも知れませんが①桂離宮、②閑谷学校、③京都・俵屋、④河口湖・旧富士ビューホテル……などなどです。

さらに⑤タリアセン・イーストも良い例かもしれません。ライト自身は日本建築からの影響を認めているわけではありませんが、明らかに日本建築の陰影、深みを感じることができます。例えば寝室の軒高などは彼がそれまでに手がけたオークパークでの住宅には見られなかった低さを持ち、日本建築の抑揚のつくり方ではないかとも思います。

ところで、私たちは歴史（時間）をデザインすることはできません。古さを故意につくることはできませんし、古い時代の様式を真似たところでつまらぬもの（ディズニーランドか目黒エンペラー）になってしまうのです。建築をつくる素材そのものも、時を経たものはやがて朽ちていくのでしょうが、そのまえに太陽光に焼けて光沢が出ます。それを年季と言うのでしょう。天然素材は嘘をつくことなく見るものに真実を醸し出します。そのうえ、さらにその時代その時代の流行といいますか、時代の様式と共に現れる建築の姿に、私たちは先代のモノづくりの意思を読み取ることができるのです。

日本らしさとは必ずしも和風建築に限ったことではないと思います。……明治の西洋にならってつくられた様式建築ですら、日本独

タリアセン・イースト。フランク・ロイド・ライトのアトリエ＋住居。

自の形を持っています。

一九三六年（昭和十一年）にできた河口湖の富士ビューホテルは久米権九郎の設計の木造三階建（展望台を入れると四階建）の洋風建築ですが、太い四本柱に支えられたロビーの吹き抜け空間を巡って二階のメインダイニングに至る空間の抑揚は、荘厳さのなかにもリゾートの伸びやかさと開放的な特別感を持っていました。九歳、十歳ぐらい（小学校の三、四年の頃）でしょうか？　母親が肋膜炎だとかで空気の良いところにいるべきだと、ひと夏ずーっと滞在していたことがありました……。母親と私は毎朝毎晩、食事にはこの吹き抜け空間を巡って、湖畔を臨むダイニングルームの席につくのです。この建築は洋風建築ではあるけれど、確実に日本の特異な空間意識の陰影、すなわち「日本らしさ」を持っていました。しかし残念ながら一九八〇年代、バブルの頃でしょうか、あっけなく壊されて、今は見ることも体験することもできません。

時代を表す建築は使い続け、生きた文化遺産として継承していかなければならないのです。富士ビューホテルのように時代を表すものは後の世の中ではつくりようがない、二度とできないものだとい

富士ビューホテル。次ページはロビーの吹き抜け空間。

うことを肝に銘じるべきなのです。私が歴史はデザインできないというのは、そういう意味です。仮につくったとしても、レプリカントでは年を経た歴史の質を表すことなくキッチュで綺麗すぎたり、品格がなかったりするのですから。東京・丸の内に再建された三菱一号館がそのよい例です。

日本らしさに話を戻しましょう……日本建築とは和風建築に限らないと言いました。日本建築の最も大切なところにデザインの繊細さがあります。空間ボリュームを物理的に比較すれば、西欧の建築に対して日本建築は少しも大きいわけではなく、むしろ物理スケールは小さなことが多いのですが、しかしながらちょっと茶室を思い起こしてください。その密度と言いましょうか、繊細なデザインに満ちていることによって、可憐なデザインは巨大な宇宙空間に転換するのです。先人たちが育んだ日本空間の素晴らしさを直に、生でいまも体験できる幸せは、建築が使われ続けていればこそなのです。

ガラスの床の間、「川越養寿院・平成の二畳台目」（茶室）。

予算のこと

何が適切なコストかはひと言では言えません。……そもそも時（時代）と場所、時期によってこれほど変わるものはないからです。材料単価のことだけではなく、発注の時期、流通、あるいは職人の手配なども実際のコストは関係します。

建築のコストバランスではまず一般論として、建築1／3、構造1／3、設備1／3と言われています。建築1／3とは下地を含めた仕上げのことで、構造1／3とはRC（コンクリート）であれ鉄骨造であれ、あるいは木造であっても、躯体、骨組みのことを差します。そして、設備1／3とはいわゆる水回り、給排水、衛生設備と暖冷房などの空調のことを言うのです。人の身体で言えば、骨が構造、内臓や血管が設備、筋肉から皮膚を建築と言っているようなもので、大まかにはそれぞれがだいたい1／3ずつということ。しかし、先に述べたとおり、これは一般論であって、このバランスは敷地の欠陥（崖地や地耐力がないところ）によって変わりますし、設備や建築の仕上げ感は贅沢さや趣味性を考慮するとキリがありません。

ときどき「横河さんは予算の心配なんかしたことないでしょう」とか「横河さんはお金持ちの仕事が多いから」などと揶揄されることがありますが、冗談じゃありません!! 世の中に（私の経験でも）楽な仕事なんてありゃしないのです。ただいろいろ経験していると、自分なりの適切なコスト感覚ができてくるような気がします。

設計をすると施工者に見積もりを取るのですが、だいたいどんな建物（住宅）でも、一回目の見積もりは高く出てくるものです。予算が五、六千万だとしても、最初の施工者から出てくる概算は、プラス一千万以上はザラですが、これでびっくりしてはいけません……。ことわっておきますが、見積もりが高く出てきたからと言っても、建築家は施工者とネゴ（シエーション）はしないのです。駆け引きやネゴではなく、自主的な設計変更によって施工費は下げることができます。

建築家は基本的には施主と施工者の中間に位置し、信頼性を保たなければなりません。つまり施工者の見積もりに対し、ネゴはしませんが、その見積もりの単価が正しいか？　実勢価格に合っているか？　また数量が正しいか否かをチェックする立場にあります。逆に施主に対しては場合によって「社会的に見て、この場所（地域）にはこのプログラムの建物を建てるべきではない」と嗜める場面もある……というわけです。

さて、素材・仕上げのところでも触れていますが、私の建築では余程の理由がない限り、趣味性の高い貴重な素材は使いません。使う必要がないと思っているから、材料（仕上げ）のためにコストが異常に高くなるということはありません。逆にクライアントにはお金があるから高価な材料を選んでも問題はないのに、設計者の私がこの場所（このケース）でこんなにお金をかけるべきではない……と設計変更をして、施工費を下げさせることもあります。要はコストバランスというのでしょうか、構造・設備・仕上げという全体の予算のうち、ここではこのくらいはかけられるとか、かけるべきではないとの予算配分が頭の中にできているものなのです。ただ、ときとして、その施工者が、理由はともかくその仕事をやりたくないときに、無茶苦茶に高い見積もり金額を載せてくることがある、ということを知っていた方が良いと思います。

　コストの見極めはこのように難しく不透明なのですが、構造計画も含めて、使う材料の時期、施工者の得意（分野）不得意の見極めも、コストに大きく効いてきます。そのあたりすべてを鑑みて建築家は判断するものなのです。

　住宅建築ではあまりありませんが、場合によっては直接の関係者（施工者）ではなく、積算事務所を使ってコストを見ることもできます。しかし普通は、自分の設計に対して「それで赦せるかどうか」をコストも含めて建築家は責任を持たなければなりません。設計の主要部、あるいはその建築で行われるであろうと思い描いたこと、すなわち設計のコンセプトが崩れるような場面に出くわしても、腹をくってコンセプトを死守することができるか？　その危機がコストから来ていたなら、一層の事ゼロからやり直す決断を下せるかということなのです……。建築家はその価格が高いか安いか正しい判断を下し、その計画の責任を取るべき存在です。だからこそ建築主は、信頼できる建築家を選ぶべきなのです。

モダンであること

だいぶ昔、大正期にモダンボーイ・ガールのことをモボ・モガと呼んでいたのですから、「モダン」という言葉はかなり日本語として浸透していたと思われます。一九二〇年前後にはモダンという言葉が普通に使われていたということではないでしょうか？　これは世界的なモダニズムの動きとしての近代化、つまり民主主義の動きとともに展開された近代合理主義の主張と重なります。ですから、日本だけが遅れて始まったわけではなく、モダニズムの動きも世界と連動していたということになります。モダンはイズムつまり「近代・主義」として市民社会に浸透していったのですから、いわゆる「新しい」、「ハイカラ」……ということを超えて、社会変革の思想と連動していたと言ってもいいでしょう。

　建築の歴史家・藤森照信さんはモダニズム建築のことを次のように述べています。「モダニズムという動きは時代の変遷と思想から生まれ、歴史を引き継ぐどころか前例のない産業革命後の材料、工

古賀春江《窓外の化粧》（一九三〇年）。時代を映した建築。

業材料で建築をつくった。つまり参考とするものがないまま、人間がゼロから造ったということからして永遠なもの、ピラミッドのように超えがたいものがある」と。その意味で私が同じようにイズムとしての魅力を感じるのはやはり初期近代主義建築（一九二〇～三〇年代）からなのです。ル・コルビュジエの建築にしても初期の住宅、例えばレマン湖の「母の家」（一九二三年）などはその典型です。現代のようになんでもありではない時代に、イズムとして明快で、明日に向かう希望を指し示そうとしていたからだと思います。

　ここでこんな話に踏み込まなければならないのは少し気が引けるのですが……ずーっと心の何処かに引っかかっていることを話さなければなりません。

　このモダニズムすなわち近代主義は、西欧では民主主義とセットで勝ち取った社会制度であり、モダニズム建築もやはり民主主義とセットで考えるべきなのです。ここで思うことは、わが国日本は民主主義の国だと思っているものの、日本は勝ち取った民主主義ではなくて与えられた民主主義だということです。

　現在でも日本の公共建築のつくられ方は、西欧のようにコンペで

ル・コルビュジエ「母の家」内部。

勝ち取るということは少なく、よくてプロポーザル、あるいはＱＢＳ（資質評価方式）という役所・行政の息のかかったなかで仕事にありつくというか、与えられるというのに近いのです。もっとも酷いのは、設計料を一番安く提示したものに設計をさせてやるぞ、という設計料競争入札で設計者が決められることです。しかもその入札制度で割り振られる公共建築が、公共建築全体の八〇パーセントあまりだというからあきれます。明治以来の会計法という法律がいまも続いていることがその根本原因です。誰がつくっても同じものなら入札で安いところに決めるのも良いのでしょうが、どのような設計になるのかわからない段階で、設計料が一番安いものに決めるという野蛮な方法が続いているのはいかがなものでしょうか。

　何が言いたいかというと、モダニズム建築という純粋な建築には、良い建築を純粋に目指す建築家の資質に応える社会制度が必要だと思うのです。住宅の場合は個人のクライアントからの依頼に応える仕事なので、このような制度に左右されることは少ないのですが、思想を素直に表現する建築としてのモダンであるなら、やはり社会全体の民度が上がる必要があるのです。

私の設計手法（は喋ること）

テニスフリークの家族がアトリエにやって来ました……家族の楽しみはテニスの部活にいそしんでいる子どもたちの喜ぶ姿を見ることです。実の子どもたちももちろんだけれど、部活の友人たちが多勢押し寄せるであろう別荘の設計を依頼されたのです。

……ワイワイと騒がしいシーンが繰り広げられることを可能にする設え、ゲーム観戦、宿泊、さらにそのテニスゲームをサポートする設備（洗面、トイレ、シャワー、洗濯・乾燥に加え、衣類乾燥室、収納）はもちろんだけれど、ゲーム合間の楽しみ、バーベキューなどの設えも欲しいのです。まっ、言わば高級テニス合宿所のようなものというわけなのです。テニスゲームを観戦・楽しむためのピロティー空間は観客席となる広い階段をつくって、宿泊のための和室を半階持ち上げました。そして二階の床スラブは五メートル持ち上げ、開放的な半屋外空間を創出したのでした。

さてしかし、こういったことだけが満足できれば良いというものではありません。……そう私は設計当初から考えていました。なぜなら、こういったシチュエーションが将来もずーっと続くとは思えないからです。いずれ子どもたちは自立し、親離れするときを迎えます。もちろんその子どもたちもやがては自分の家族（つまり孫たち）を連れてここに戻り、大勢の親族とともにゲームに声をからすシーンが再び繰り返すであろうけれども……。やがては大人たちだけの空間が必要になり、親たちは熟年を迎えるであろうと思うのです。いや、むしろそれからのことの方が長いのです。だから私は大人が楽しめる空間を目差しました。

いずれ遠い将来ここに住む、定住することも可能なのだ……施主からこういった注文を要求されたわけでなく、単に私が思うのですが。その意味では別荘をつくるのではありますが、逆にちゃんとした、まともな住宅の設計ができそうだというわけです。

私の設計手法は先にカタチありきではなく「ここに住む……という姿を思い描くこと」から自然に決まってきます。言い換えれば、施主の要求があろうがなかろうが、この建築で起こるであろう物語、空気感とストーリーをイメージすることから、空間のカタチ、プロポーション、材質、仕上げ、納まりに至るまで自然に導かれていくのです。

私は普段、別荘には玄関などいらないと思っています。がしかし、この建物は普通の別荘のスケールではない、ボリュームのある建築になるであろうから車寄せを持って人を迎えるべきでしょう、車はスムーズに回転して戻れるように、アプローチは石畳にタイヤをゴトゴト言わせて玄関に近づきたい。五メートルのピロティー下では、スケールアウトした玄関扉が正対して人を迎えるのです。見上げれば床スラブ＋屋根の軒先まで、玄関扉から五メートル以上張り出す。家族はいつの日か、雨の日に車から降りても濡れることがないことに気づくはずだ。……と、こういった調子なのです。

そもそも建築は佇まいで決まります。住宅に限らずどんな建築でも、その佇まいを見ればその中身の程度がわかるというもの。だから建築の中身のイメージは、人を迎えようとするアプローチからす

でに始まっているのです。

　もう少し説明をしておきましょう。

　重い扉を開けると、細長比の極端な天井の高い空間が訪れる人を迎えます。背の高いピロティー空間を構成していたRCの壁柱は、力強くも内部では優しい表情にしたいのです。壁柱は本実《ほんざね》型枠の杉の木目があるのですから、目の前のエレベーター（EV）コアは白にしたい。白いEVコアの壁コーナーはより優しく、大きなアールで丸めるといい。打放し壁柱のスリットから陽が差し込むと、光は漆喰でお化粧されたそのコーナーを嘗めるのですから。

　靴を脱ぐコーナーで、年老いたときの彼はこの手すりにつかまり、靴を履くときには小さなベンチに座るだろう……床はトラバーチン水磨きから木（楢の厚板）に替わる。木は動きたがるから、漆喰壁を勝たせて影をつくる。つまり漆喰壁の下端を大きく袂って、木の段板を飲み込ませるのです。五メートル上がる階段室は、シンドイが飽きさせない手立てが必要でしょう。つまり外光の巡りと屋内の気配を知る仕掛けが必要です。踊り場では個室A・Bの境界のスリットからゲストルームの気配が洩れます。階段の最上部、つまり

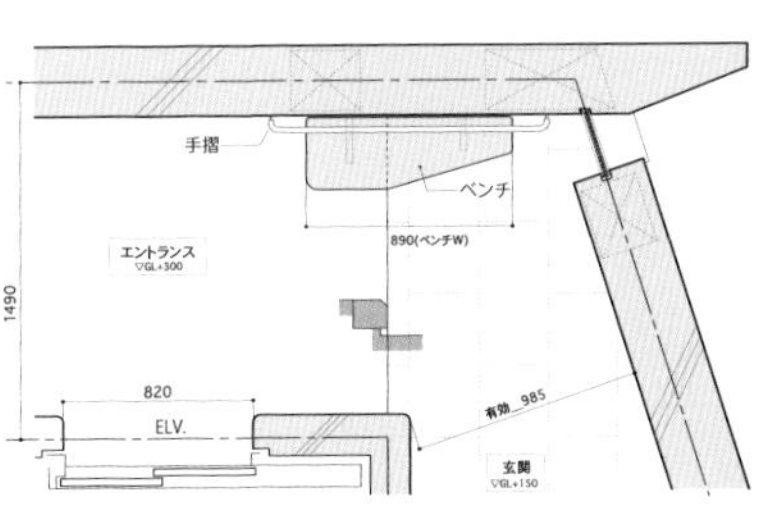

ＥＶを降りる場所はいよいよ主室に入るための附室（プロローグ）ですから、主室境に紙障子を入れて主室の様子が少しわかるようにしたいもの。しかしここの天井高さはあくまで附室として低く、一枚の板で造ることにする……そして板の断面は丸くして、本実打放し壁や漆喰の壁から大きく縁を切る、独立した板が必要なのです。

二階主室の平面は大きな暖炉を持った一室空間とします。庭に開いて大きな開口部を設けてあるのですが、開口形式はかなりのスタディーを重ねた挙げ句、やはり手づくりの木建具がいちばんという結論になりました。

三本引き戸が大きく全開します。網戸はそのうち一本出てくれば良いと思いましたが、さまざまなシチュエーションを考えて、室内側にやはり三本引きの紙障子（太鼓張り）が出てくるようにします。そして、ガラス戸との間にレースのカーテンも仕込むことにしました。これで夏の強い外光を弱めながら外とのつながりを持つでしょう。

一階の子どもや孫たちの声が間こえてきます。さて、主室には厨房も持っているので、空気が淀まないようにしたいもの。背面の両サイドを開けると風は南北に流れますから、裏にも小さなデッキを設けましょう……厨房に立つ奥さまが喜ぶに違いないのです。

暖炉が仕込まれている壁は複雑です。暖炉そのものも、大きな芦野石、木紋入りの御影石と耐火煉瓦を組み合わせてから、料理ができる可動パンをはめ込みました。パンは肉を焼くグリルにもなるので、バーベキュー感覚で子どもたちが手伝うでしょう。暖炉前ではゴロゴロくつろぐためのラグとたくさんのクッションは必須なのです。壁一面の違い棚にはいずれ、家族の歴史が刻まれる写真が載るのでしょう。反対の壁に組み込んだ大型ＴＶは、紙障子四本引きで収納する。鴨居を見せず、間接照明の光筋を確保して、極力天井には照明器具を付けないようにします。

さて、このように主室の楽しいところにプライベートゾーンへの扉、つまりトイレの扉や寝室のドアが直に面していてはいけません。主寝室へつながる扉は違い棚の一部として設えて、一見わからない隠し扉とするのです。通常は開け放していても、寝室前の附室は陰

になるので怖くてよそ者は近づかないでしょう。しかも違い棚を構成した壁一面により濃い陰影ができることが、主室空間全体に深みを与えるに違いありません。

　このようにして寝室前の附室から黒いバスルーム（洗面、トイレ、風呂）へ、さらに緑に開ける露天風呂へ、また主寝室へとストーリーは続いて行くのです。

　私にとって設計とは言葉（喋ること）なのです。この家に起こるであろう物語、ストーリーを喋りながら、エスキースを繰り返すのです……「年寄りはここで何かに摑まるよなー」などとブツブツ独り言をいいながら。

第二章

私のクライアントたち

いや「ほんとにいい人たちなのです……」その建築や設計の過程を思い出すたびに、どの家のクライアントも「不思議にいい人たち」なのです。いい人というのは、別にいつも物分りが良くてニコニコしているという意味ではありません。どちらかというと（人のことは言えないけど）変わった人たちかも知れないけど、建築の専門家でもないのに建築を真面目に考えている人たちでした。

矢澤さんとお母さまのこと

最初の打ち合わせにいらしたときのこと、矢澤さん（直接のクライアント）は当時でも中年いや、四十歳代かも知れない、すでにいい大人でしたが、ご一緒にお母さまと共に現れた。矢澤さんが小柄なのと童顔なことも手伝って、なんとなく入学式にお母さんに連れられてきた新入生を連想してしまいました。しかし後から少しずつわかってきたことなのですが、なんのなんの男三兄弟（女性も入れると五人兄弟・姉妹）の大家族で、そんなみんなを大切に育ててくれたお母さまのことをたいへんリスペクトしているのです。

お母さまは幼稚園の園長さんのような柔和な感じで、優しさがにじみ出ています。しかも短歌を詠む歌人なのです。三兄弟のお母さまに対する愛は例えばこうなのです。……最近でもお母さまを連れてときどき旅をする、しかも海外へ。三人とも別々の仕事を持っている社会人ですから、当然一緒に長くは休むことはできません。そこで三人は前半・中間・後半と、お母さまのお供を海外の旅の途中でバトンタッチするらしいのです。こんな微笑ましい光景も、兄弟が子どもの頃、お母さまが手を引いていろいろなところに連れて行ってくれたことの恩返しだといいます。……クリスチャニティーというか博愛というか、西洋人にはときどき母（あるいは父親）を特別にリスペクトしている感じを見ることがありますが、日本では珍しいことではないでしょうか。もちろん素晴らしいことなのですが……。

このような三兄弟、姉妹を入れると五人兄弟姉妹のそれぞれの家族とお母さまのための別荘を計画、設計の依頼を受けていたわけなのです。こんな話は設計と関係がない……と思われるかも知れませんが、いやどうして、私はこういったことが設計にとても役に立つと思っています。例えば兄弟のお互いの距離感、お母さまとの距離感がなんとなくですが測れることによって、建物の具体的な使い方、生活のリズムが見えてくるのです。……寝室の位置だったり、この壁の厚みなら許せるだろうなとか、それぞれの家族の子ども・孫たちを入れた大勢のときとお母さまと二人だけのとき、さらにお母さま一人でいらっしゃるときなども少しずつ想像しイメージすることが、やがてでき上がる建築の空気感へと変わっていくのです。

　だから建築家に何かを依頼することがあるとすれば、素直に素に戻ることです。医者に行ってお腹を見せることに躊躇しないように。もっともこういった設計の手法を私が取るのは、もしかしたら独特で、むしろ珍しいことなのかも知れません。

アプローチ道路からの間口の割に奥行きが深く、春から夏にかけては深い緑に覆われる。五人の兄弟・姉妹の家族、つまり孫たちを入れて多人数で使うときもあれば、お母さま一人が使う場合もあるため、玄関は左右に二つある。一階右半分（西側）だけで十分生活が可能で、二階では左右がつながっている。

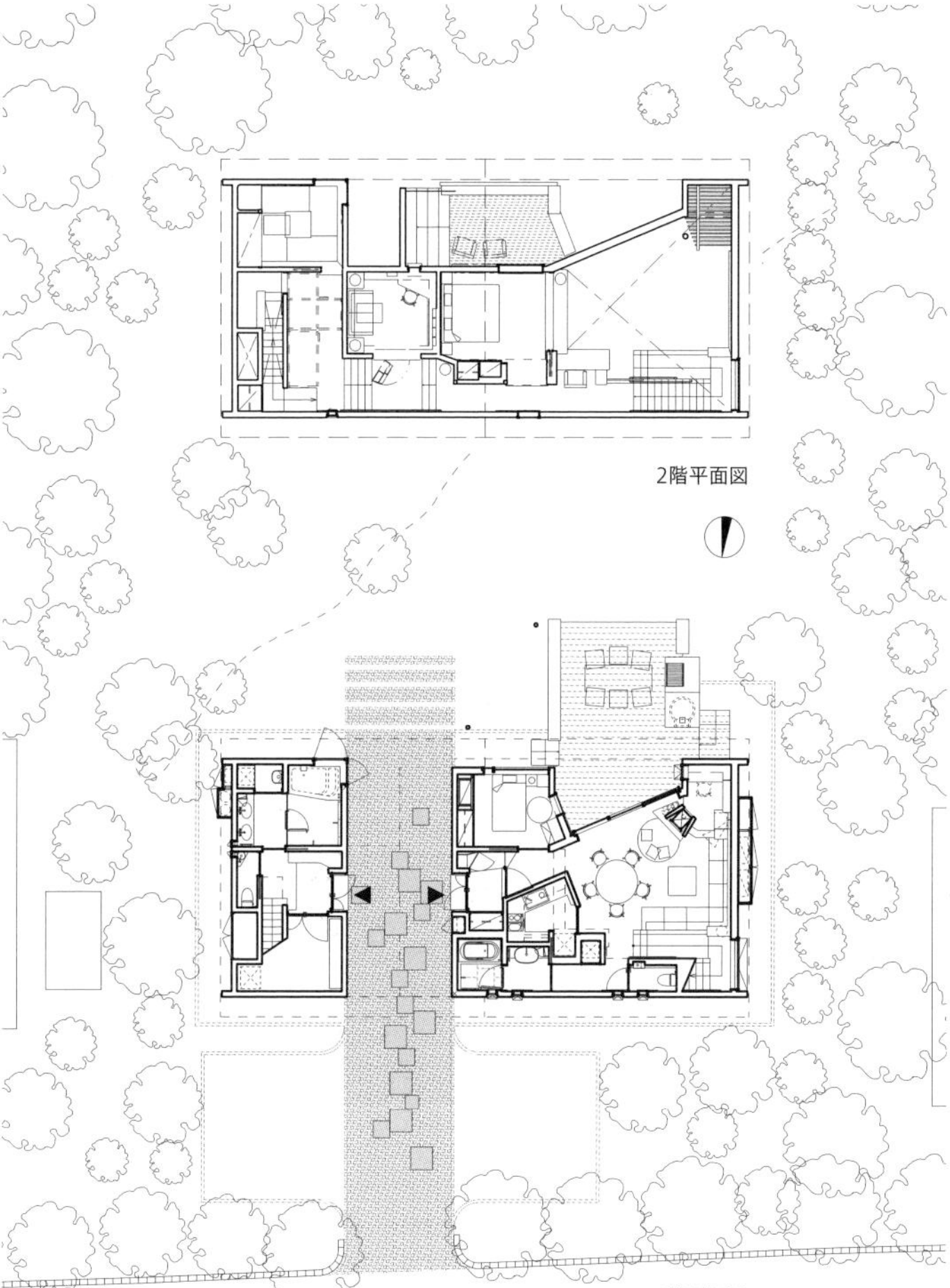

1階平面図

家型のシルエットにくり抜かれた
もうひとつの家型。くり抜かれた
家型の左右に二つの玄関がある。

2階寝室前のテラス。

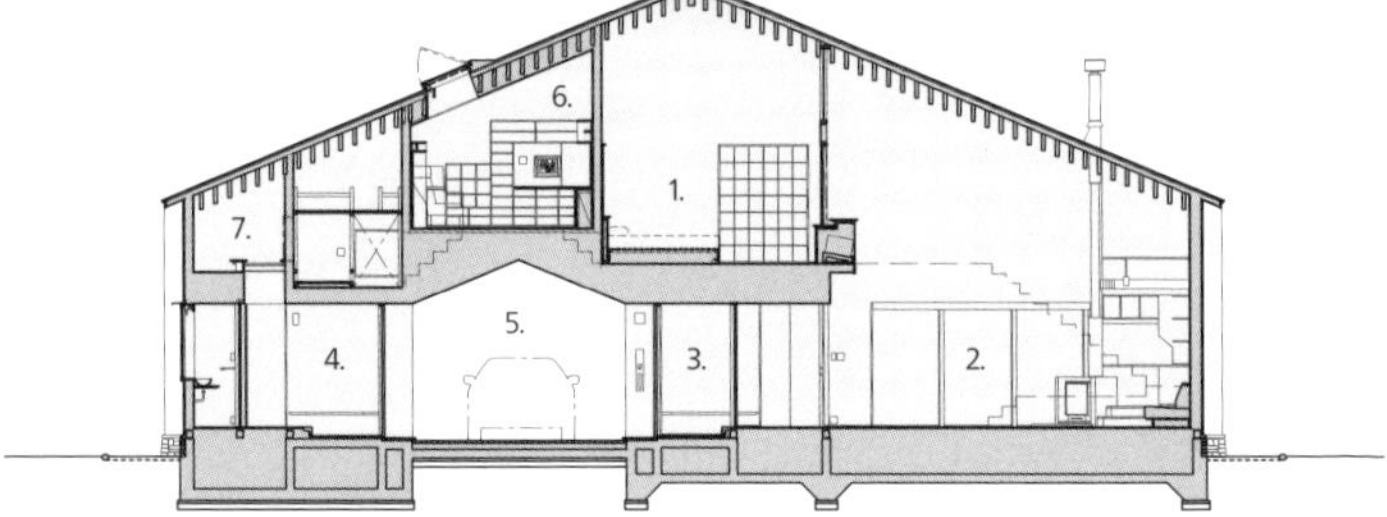

上／2階では全体がひとつにつながる。
下／2階にある図書室。

「矢澤別邸（KAZEN HOUSE）」（2017）
用途　別荘（母親と母親を尊敬する子どもたち）
構造　木造一部鉄筋コンクリート造
階数　地上2階
敷地面積　1,554,27m^2
建築面積　143,60m^2
延床面積　199.55m^2
構造設計　オーノJAPAN
施工者　第一建設
掲載誌　新建築住宅特集2017年9月号ほか

大勢の家族でにぎやかに使うときと一人で過ごすとき、それぞれのシチュエーションに即した場が与えられる。

1. 主寝室
2. 主室
3. 玄関A
4. 玄関B
5. アプローチ
6. ライブラリー
7. 物置

志立さんのこと

志立さんとの仕事で記録（議事録）が残っているのは二〇〇九年七月のことです。そこには基本構想と先行して進めていた基本設計の中間報告として、図面・模型・スケッチにてご説明したとあります。議事録の最後にはこのご報告をもとに設計を進めるとあるので、大まかな設計はこの時点で了承されたと考えて良いでしょう。

メインコンセプト（設計の考え方）は次のようなものでした。

1. 傾斜地を生かすことやコスト面を考慮して（つまり予算は厳しい）、フットプリント（投影面積）をコンパクトに抑えた構成をとる。
2. 傾斜地の中でも比較的勾配の緩い既存稜線に沿って、建物とアプローチを配置する。
3. メイン（アプローチ）は上の道（裏道）よりアプローチする。

なお、車によるアプローチと施工時の工事車両の進入等を考慮すると、別途簡単な道の整備が必要……などと書いてあります。つまりこの時点で、完成時の大方の形・ボリューム、さらには構造、仕上げに至るまでの構想は、私の頭の中にはほとんどでき上がっていたと言っていいかもしれません。しかし、ここに行き着くまでの話はそう簡単ではなかったと思います。

　まず、二〇〇九年に再び現れる数年前に、依頼主である志立さんは一度私のアトリエに来られていて、そのとき設計の依頼がありました。しかしその後なぜ設計を中断したのでしょうか？　思い出せないのです。子どものことを気にされていて、当時まだ生まれる前のことだったと思うのですが（再び現れたときには息子さんを抱っこしていた気がします）……子どものことというか子育てについて、その真剣さにビックリ、否、圧倒されたことをハッキリと記憶しています。当時は夏の家、別荘としての依頼だったのですが、軽井沢のなかでも「自然の厳しいところで育てたい」と志立さんは言っていました。敷地もひと山というと大げさですが、中軽井沢星野温泉のずーっと上の方に位置する、別荘地ではあるけれど、とても急な傾斜地の山でした。

さて、敷地のどこに建てるのか？　一番下に車寄せ的なるロータリーがあって、そこから敷地全体を散策というより登山するというほどの傾斜を登っていくと（息が切れるのでときどき休んでは登るという調子でした）、ほとんど山の頂上近くではあるけれど、少し傾斜が緩くなっている窪みがありました。その窪みはそこに行き着く私たちを待っていたような……そんな気がしてきたのです。もちろん施工・工事のことを考えれば、ロータリーの近くに居を構えた方が圧倒的に楽です。コスト的にも合理的です。しかし、せっかくひと山持っているのだし、志立さんの「自然の厳しいところで育てたい……」という言葉が耳に残っていたからでしょうか、なぜか山の奥に導かれてしまったのです。

　ただ待てよ、どうやってここに行き着くのだろう……つまり、工事もそうですが完成した後、志立さんの家族はどうやって使うのだろうか？　こりゃ大変だな……と思っていたところ、アトリエのスタッフ（いや施工者だったか？）が、敷地のあるひと山とは別の尾根から割と近くまで登ってくるルートを見つけたのです。別の別荘地を抜けてくるルートなので、管理者の許可をもらわなければならない

軽井沢、志立別邸。

のと、私が定めた敷地まで道があるわけではないのでアプローチの道づくりまでしなければならないけれど……ヨシッ！と光明を摑んだ気がしたものでした。

建築とは、敷地と向き合ってすわりの良い居場所が定まれば、ほぼ大方、すべてが決まったようなものなのです。誤解を恐れずに言うとその居場所に向かう気持ちの整え方やその場所にふさわしい形、そこからの眺め、つまり建物の大きさや内部空間のイメージが立ち上がり、そこから（立ち位置かもしれないが）材質までもが見えてきたりするものなのです。

あとで調べてみてわかったことなのですが、実は最初にお目にかかったのは二〇〇六年の三月で、七月には土地を購入されて設計を開始していたようです。しかしその年の十月にコストのことで一時延期され、その後設計の再始動があったものの二〇〇七年の七月には（リーマンショックの影響だったか？）再び延期、それでも諦めずに二〇〇九年になった三月、三度目に志立さんが事務所に現れて、設計が再開されたというわけです。しかも、当初の予算五千万を大幅に下げて三千万の工事費予算で、という少々無茶なご要望でしたが、乗りかかった船とばかりに、なぜかうまくいくかも知れないと確信しながら設計を受けてしまったのです。実際には、工事費も予定より少し膨らんでしまったとは思いますが、私としては建築（そこで行われる出来事、子育て）を真剣に考えて、二度も三度も足をはこんでくれることが嬉しくて、この家族のためなら……と設計を進めたのでした。

3階に吊られた予備室（上）。

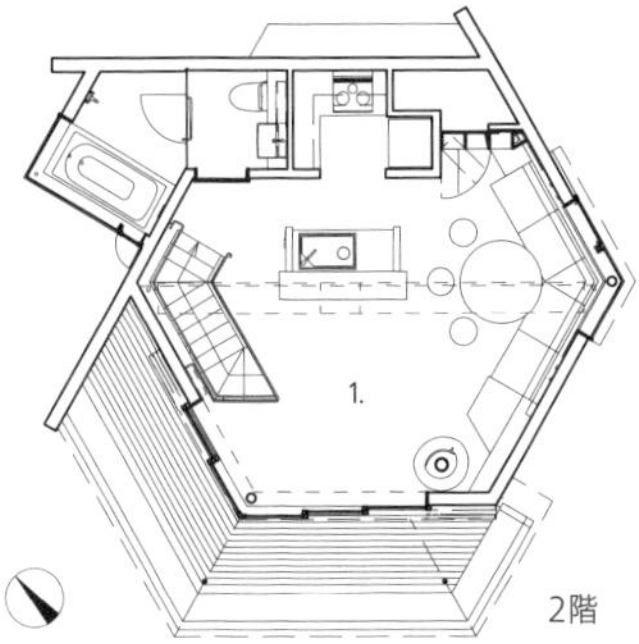

2階

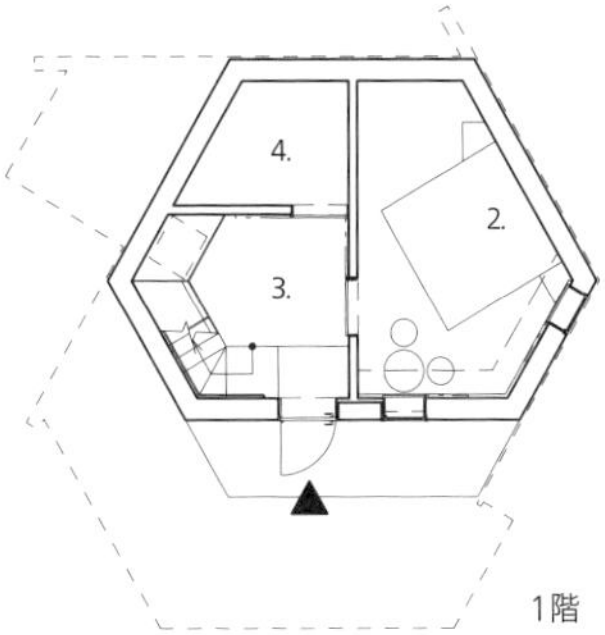

1階

3階に寝室2がある。主要機能をすべてまとめ、空中に浮かせている。1階はわずか28 m^2で9坪に満たない。

1. 主室
2. 寝室1
3. 玄関
4. ボイラー室

「志立別邸」（2011）
用途　別荘（夫婦＋子供1人）
構造　木造一部鉄筋コンクリート造／地下1階＋地上1階＋ロフト
敷地面積　5,821.00m^2
建築面積　45.38m^2
延床面積　83.94m^2
構造設計　梅沢良三
施工者　第一建設
掲載誌　新建築住宅特集2012年5月号

2階吹き抜けの主室（LDK）。3階の床は吊られている。

木田さんのこと

木田さんは「八丁堀・櫻庵」を通りすがりに見てきたという……どなたの紹介もなく現れた方です。「八丁堀・櫻庵」とは銀座や京橋近くの八丁堀の、車が一台やっと停められるくらいの敷地に、設計の依頼に応えて目の前の桜並木を取り入れた、縦に伸びた住宅です。この「八丁堀・櫻庵」の平野さんも、そう言えば筆舌に語り尽くせないユニークな方でした。

　こんな狭い土地にうまく設計できるのだから、自分の予定する日本橋・浜町でもうまく設計してくれるのではないか？と木田さんはある日、気楽にいらっしゃいました。気楽というと語弊があるのですが、極めて真面目な方で、もちろん建築には素人ですが、お付き合いするたび、つまり打ち合わせのたびに、建築を頭で理解する度合いが高まってくる不思議な方でした。もっともご家族を含めて、ごく普通の暮らししかされてこなかった方たちなのでしょう、この土地では、いわゆる庭付きの普通の家は成立しないということを、

「八丁堀・櫻庵（平野邸）」。

頭では理解していても当初はおわかりではなかったかも知れません。

木田さんが新たにつくろうとする都会の暮らしというものには、ただでさえ異常に高い土地の値段が組み込まれていました。かつての私たちが平和なほのぼのとした庭付き住宅に憧れたようなものは実現不可能と言っても良かったのですから、今回のケース……普通住宅地として考えようとはしないような地域と土地の大きさ、つまり都市部の詰まった極小敷地では、かなり異常な（創造的な）アイディアを持ってしか楽しい生活は形づくれないということなのです。


私がこのように決めつけて言うのもおこがましいのですが、そのことの覚悟というか、クライアントもつくる側の意識を身体で理解してほしいのです。このことを理解していただければ、私も一緒に進めます。どんな設計のときでも、「私自身がここに住むとしたら？　どうするか？」と考えることにしています。今回のような極端な条件の依頼なら尚更、私が若く、家族とともにここに住むとしたら……と考え始めていくのです。

しかし、設計の過程で、奥さまは半ば呆れて（否、諦めて）いらしたと思います……何しろ敷地が十坪という（「八丁堀・櫻庵」より小さい）極小敷地で上に伸びるしかないのですから。もっとも予算はさておき五～六階建の高さが技術的にも許容できそうだとわかり、小さいながらもエレベーター（ELV）の使用を考えれば、この敷地で

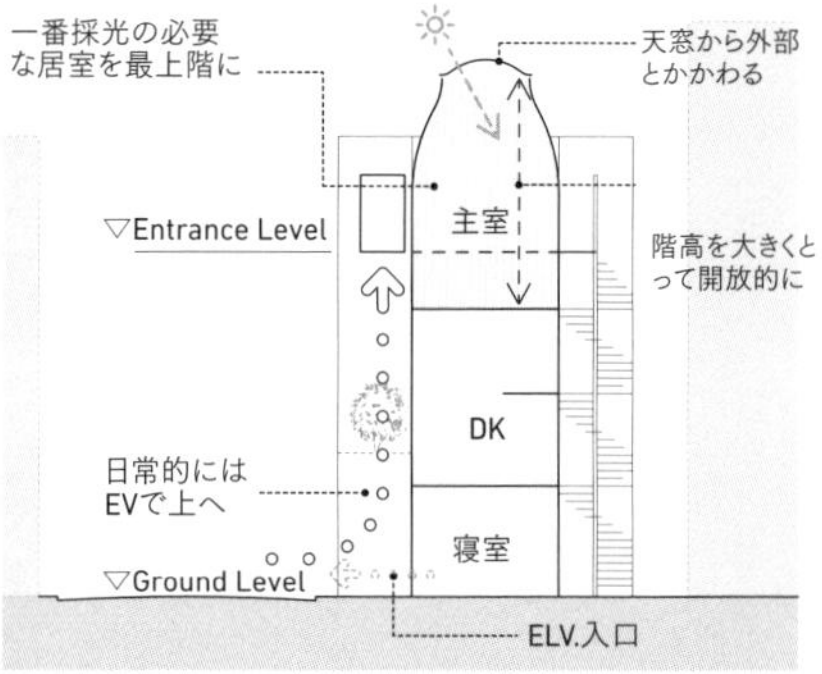

コンセプト・ダイアグラム

一階正面穴ぼこの左手にエレベーター入口がある。

も割と快適な生活ができそうだとも気がつき始めていました。ただし一階（グランドフロア）に玄関はありません。図面や絵がなくて言葉で説明するのは難しいのですが、玄関は三・五階に設定したのです。途中でいただいたメールを読み直すといまでも微笑ましいのですが、以下、木田さんからのメールです（当時まだ六層で考えていた）。

「家族でいろいろ話しました。二四平米×六層とは一体どういう空間になるのだろうか？　横河先生の頭の中で我々はどういう生活をするイメージになっているのだろうか？　これは本当に普通のものにならなそうだぞ？　ということで、やや困惑もし、また楽しみでもありといった状況……」

　ここでわかることは、普通でないことへの木田さんの妙な覚悟。そして彼がすでに「空間」という言葉を使っていることから、いわゆる普通の人の考える「間取り」の域を超えて、この建築を理解しようとしていることがわかります。

　少し解説しましょう。

　玄関が一階にないのはなぜか？　我々日本人は玄関で靴を脱ぎます。そして脱ぐと上がり框から靴を揃える。寒いときや雨のときにはコートを脱ぐし、靴箱、コート掛け、傘立てなどのスペースも必要になるわけですから、合計するとだいたい四～五平方メートルは玄関のために必要になることがおわかりでしょう。

　この木田邸の平面では、縦シャフトつまりＥＬＶ階段を除くと四メートル×四メートルの矩形が残ります。つまりは有効に居室として使えるスペースがこのスペースですから、ここから先ほどの玄関スペースがとられてしまうと、主室（いわゆるＬＤＫ）にも寝室にも役に立たないスペースしか残らないというわけです。そこで私は普通の住宅の組み立て方とは逆の手法をとって、最初に最上階から家に入り主室→ダイニング・キッチン→寝室へと、上から下がってくることにすれば良いのではないかと考えたのです。一階に寝室を配しても、玄関がないのだからフルサイズで使えるというわけです。この敷地の難題が解けた瞬間でした。

　断面の模式図を見ていただくとわかるように、最上階に二層分吹き抜けの主室（リビング）がとられていて、その中間はブリッジ（渡り廊下）が掛けられていて、片方（写真左手）が玄関へ、そしてもう片方は階段室につながっています。主室の下の階にはこれまた二層に吹き抜けたダイニング・キッチンが大きくとられています。十坪の極小敷地に建つ小さな家としては、かなり余裕のあるカウンターがロの字に囲んだキッチンで、ダイニングテーブルはその囲まれたカウンターの真ん中にとられるわけです。この吹き抜けの中間には斜めに鉄骨の梁が架けられていますが、実は将来の生活の変化に合わせて、ここに床がつくられて個室を増築できるようになっています。

大きくロの字に囲まれたキッチンカウンターの中にテーブルがある二階、三階と吹き抜けのダイニング・キッチン。

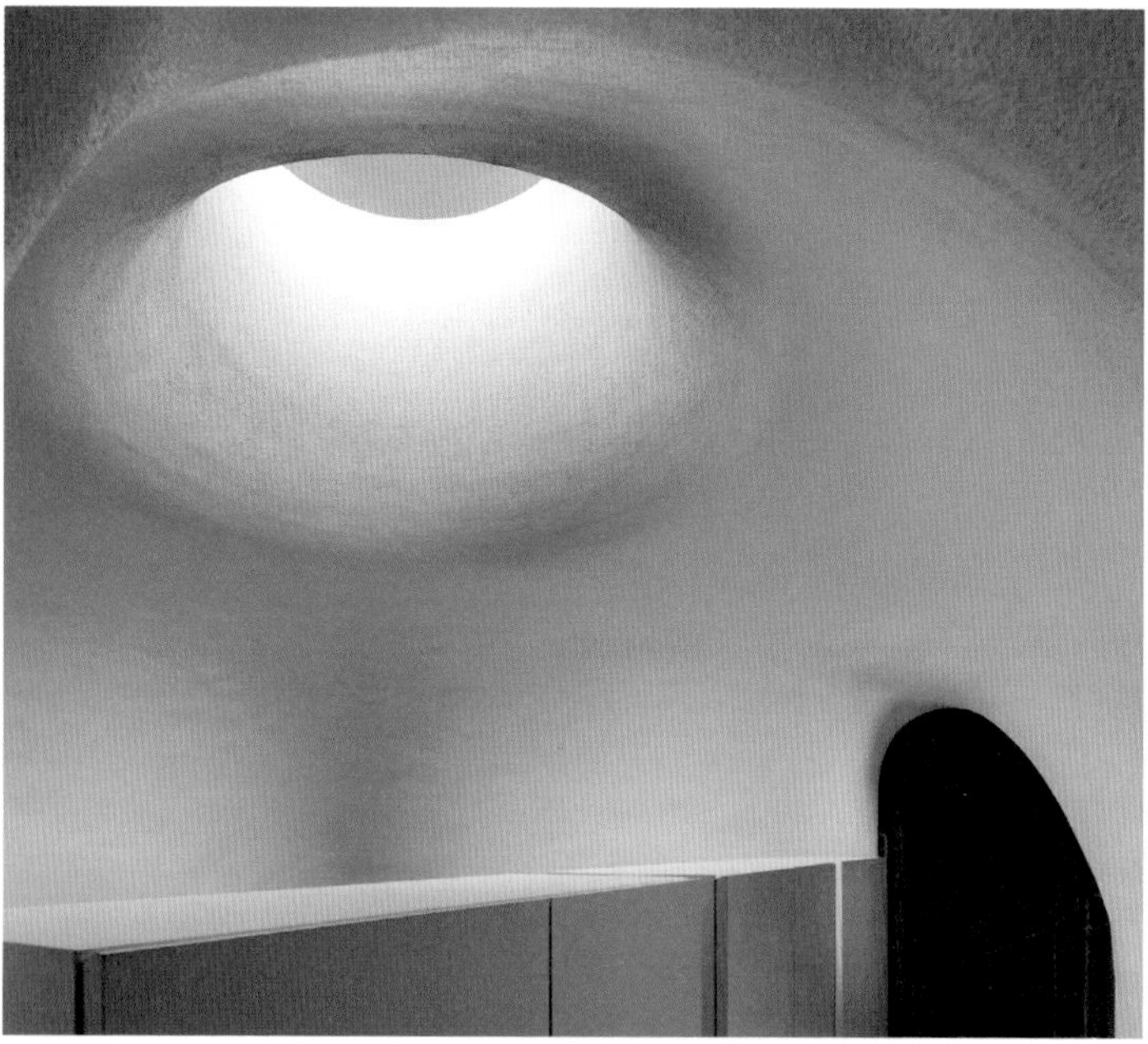

3.5階にかかる床は左右をつなぐブリッジ。左は階段室、右は玄関（右の写真＝ブリッジから玄関を見る）。

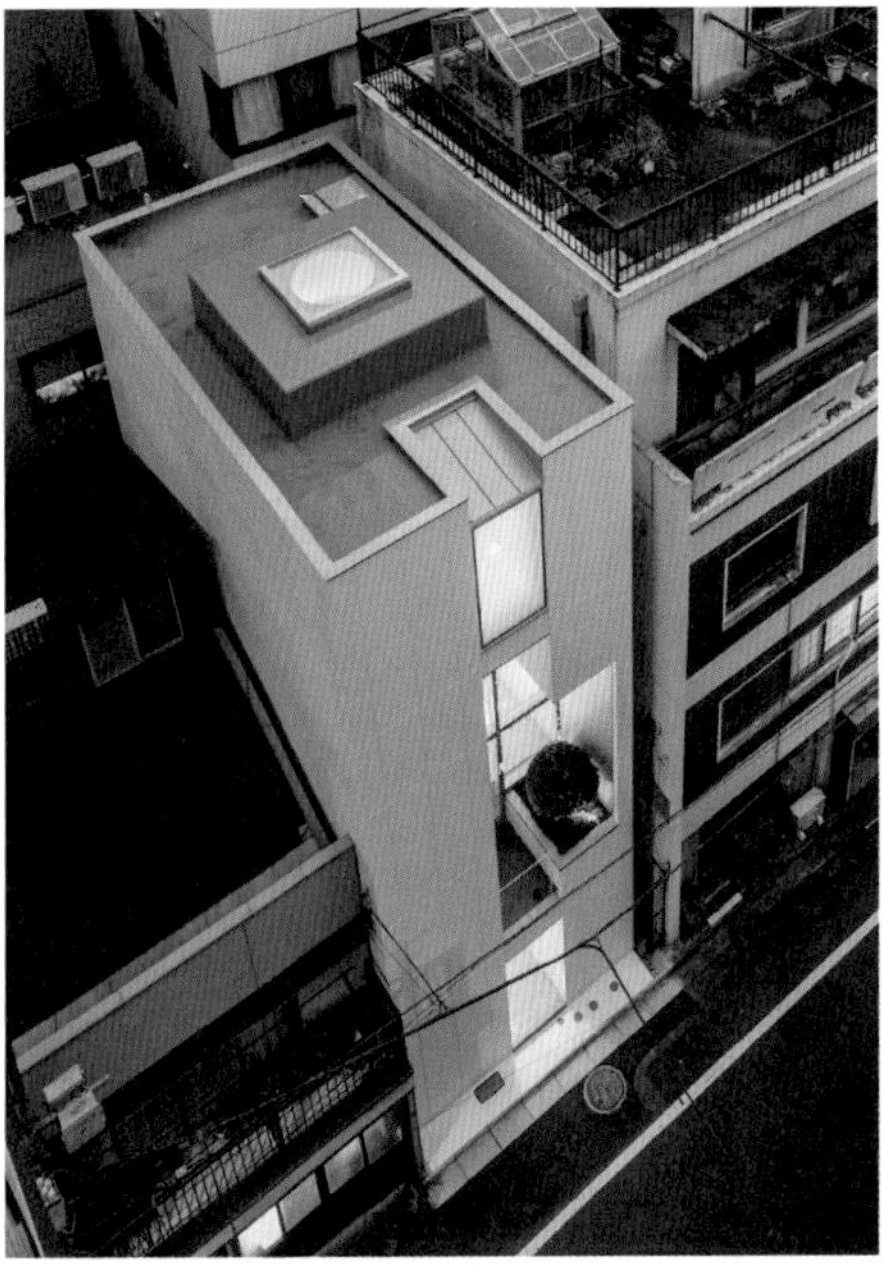

極小敷地の都市に住むための知恵袋的住居（玄関は3.5階にある）。

3階吹き抜けの主室（居間兼オーディオルーム）。

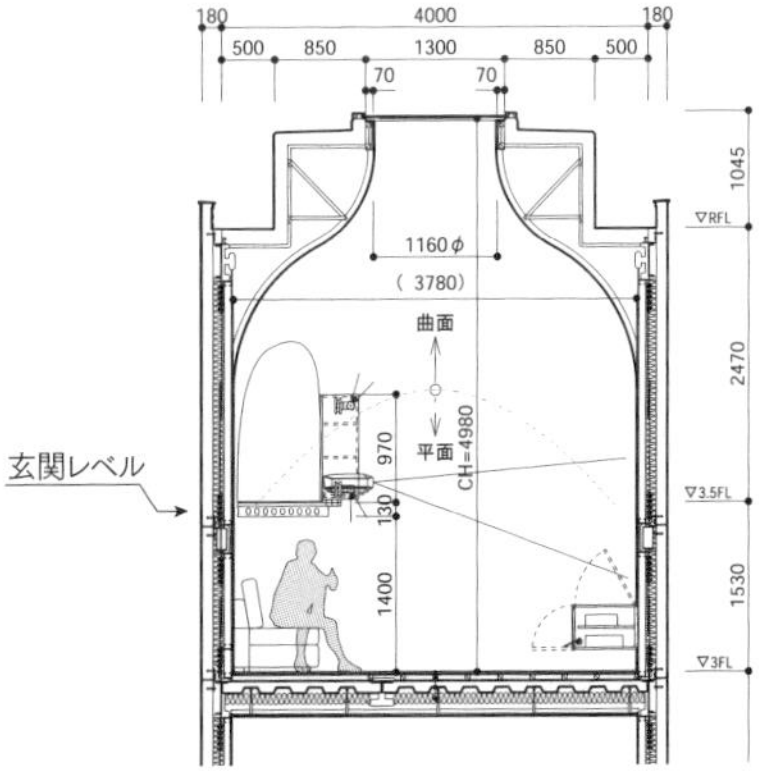

「木田邸（日本橋の竪穴住居）」（2017）
用途　住居
構造　鉄骨造／地上5階
敷地面積　41.32m²
建築面積　34.03m²
延床面積　90.25m²
構造設計　梅沢良三
施工者　宗建築
掲載誌　新建築住宅特集2017年11月号

那須の早坂さんのこと

那須塩原の早坂さんという方から連絡を受けました。……これまた「家庭画報」の別冊で「自然を楽しむ別荘生活・傑作選」をご覧になったとかいうお話です。

私たちは仕事を得るためにいわゆる営業をしたことがなく、クライアントをこちらから探したことがありません。しかしながらこの別荘特集は私の唯一無二の営業部長といっても良いほどの働き者で、またしても素晴らしいクライアントを見つけてきたというわけです。で、てっきり別荘のご相談かと思いきや、那須塩原に定住の地としての住居を構えたい、とのことでありました。

二つ返事で取り敢えず予定されている敷地を新幹線に乗って見に行くと、なるほど別荘地ではありません。新興の開発された住宅地であったのですが小高い丘の上、どん詰まりと言うべきでしょうか、住宅地内道路が右手にクランクする突き当たりの敷地で、濃い緑の山に抜けている三角形の敷地でした。

これは凄い！　この土地でしかできない設計が始まる……否、ハウスメーカーではないのだから、私たち建築家の使命とはその土地を生かすこと。つまりそこの土地でしかできない設計をすること（建築家にとって当たり前のこと）ができるというわけです（わざわざ言わねばならないほど、残念ながら普通にはできないということなのですが……）。

自分の敷地以上に、借景として借用できる土地があるほど恵まれたことはありません。南に向かって濃い緑に抜けるのですから……そうだ!!　この建築を緑濃い自然に向かう「ゲート」に見立てよう!!と思いついていました。予定されている敷地は新興住宅地のどん詰まりと書きました……つまりこの豊かな自然環境を持つ那須塩原なのに、いわゆる住宅地として開発されたところなので自然との共生が見えない。その連続する住宅地としての顔はこの土地までで終わり、ここから先は緑濃い森に抜けるゲートなのだというわけです。私は敷地を横手にふさぐくらいの一見牛小屋のようなしつらえの建物に、住宅地内道路がそのまま突き刺さるように緑に貫通する穴を開けようと考えたのでした。

敷地を見る。ここが次ページのみひらきとなる。

119ページの敷地に建つ早坂邸。中央の「ゲート」を抜けると緑濃い森が広がる。

敷地は三角形ですが、三角というより東側は扇状に開けていました。悩んだ挙句、開けている東側半分を一・五メートルほど下げて包まれ感のあるプライベートルーム＋バスルームを（バスルームはバスタブを庭側に寄せて露天風呂感覚に）つくり、半階上がるとリビング・ダイニング・キッチンという配置としました。この半階ズラすという発見によって、普通なら二階に持ち上げて庭から遠くなったはずのリビング・ダイニングが半階分緑に近く、庭や借景の自然なランドスケープがより近くなり、一体感が生まれるということなのです。

さて、そのランドスケープデザインのまとめ方ですけれど、この仕事の少し前に、念願のG・バワ*の仕事を見にスリランカを訪れていたのです。バワの仕事は建築というより、それこそランドスケープデザインなのです。高温多湿で緑豊かなスリランカの自然のなかにある彼の仕事は、そのまま遺跡になってもいいような、ゆったりとした時間が流れていました……。そんなバワ流の想いを込めて今回の庭づくりでは、一・五メートルのレベル差を吸収する石段をつくって、バスルーム前の石のテラスに囲み感を持たせました。

しかし、このような自然を相手に時間を摑み取るような作業は、

G・バワ「ルヌガンガ」

*―― 一九九八年、スリランカでアルカシア（アジア建築家協会）の大会があった。帰りの空港で数人のオーストラリア人だったか、大会で会った建築家から「BAWAの建築を観たか？」と聞かれたが、そのときはまだバワの名前すら知らなかった。その時点で日本ではまったく無名で一つとして本も出版されていなかったからだ。ずっとその名

その行為（デザイン）だけが浮かび上がってはいけません。建築と共に全体のランドスケープとしての一体感が必要になります。そこで全体のまとめ方については「緑のこと、庭のこと」でもご紹介した中谷耿一郎さんにご登場願いました。

中谷さんの素晴らしさは「建築の遠近感」を生み出すこと。彼の手が入る前と後ではスケール感が異なるのです。言葉だけでその違

南側のリビング奥のテラスと庭。

が耳に残っていて、くやしい思いをしたので、二〇一〇年に再びスリランカを訪れ、バワ巡りをしたのだった。バワはイギリスで建築を学んでいるとは言え、ほとんど独学と言って良いだろう……、むしろ庭園づくりのランドスケープデザインが秀でていて、なかでもルヌガンガを見ればその素晴らしさのすべてを理解できる。

いを説明するのは難しいのですが、新しい宇宙感が現れるというか、それこそ「建築の空気感」が変わります。もう一つ、中谷さんの仕事の不思議なところは、私のつくった建築が、もしかしたら昔からそこにあったのではないかと思わせるような効果を残すことなのです。しかも私から彼に注文をつけたことがないのに、いつでも想像した以上の仕事をしてくれるのです。

　このことは、私に仕事を依頼してくれたクライアントとの関係でも同じようなことが言えるかも知れません。ここのクライアントの早坂さんは、すべて私に任せると決めていたというのです。もちろんすべてお任せと言っても、基本的な条件（大まかな予算、生活信条など）であったり、建築の考え方については十分に納得された上でのことですが……。早坂さんご夫婦はまだ若く、お子さんができたばかりでした。前途洋々とも不安だらけとも言える状況ではなかったかと思います。そして、ここ那須塩原に定住しようとした決断と想いに酬いるというか、叶えるというか、建築家にその想いを背負わせる才能を持った方でした。つまりその覚悟と言おうか、私が生み出す結果を楽しみに待っていただけるという信頼感は、クライアン

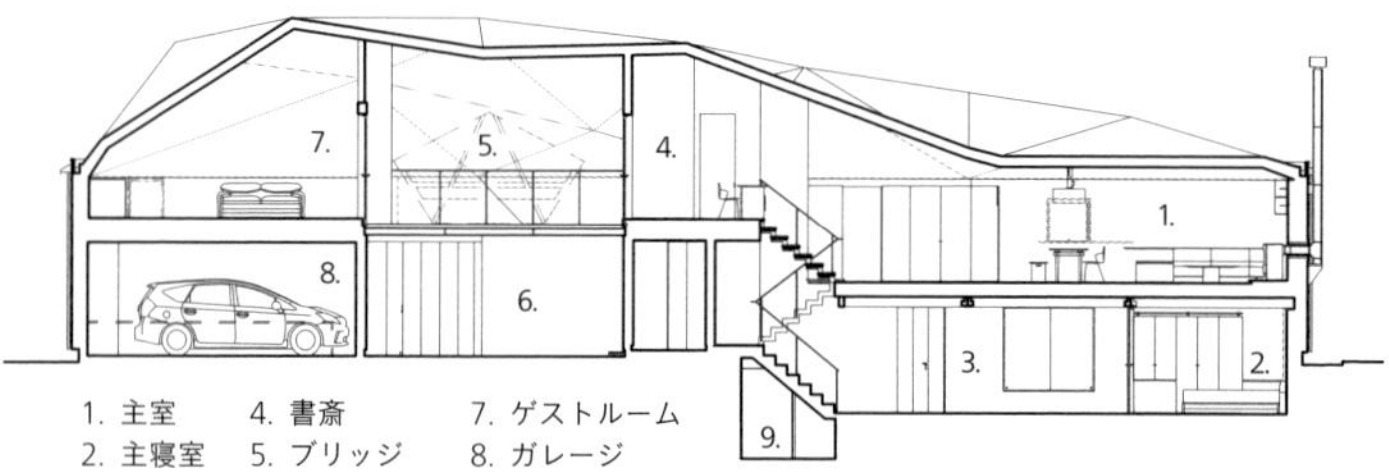

1. 主室　4. 書斎　7. ゲストルーム
2. 主寝室　5. ブリッジ　8. ガレージ
3. 廊下　6. アプローチ　9. 収納

トのなかでもトップレベルではなかったかと思うのです。

外観は牛小屋のようだけど、緑濃く住むとはこういうことではないか……。

半階上がった主室（LDK）から庭を見る。

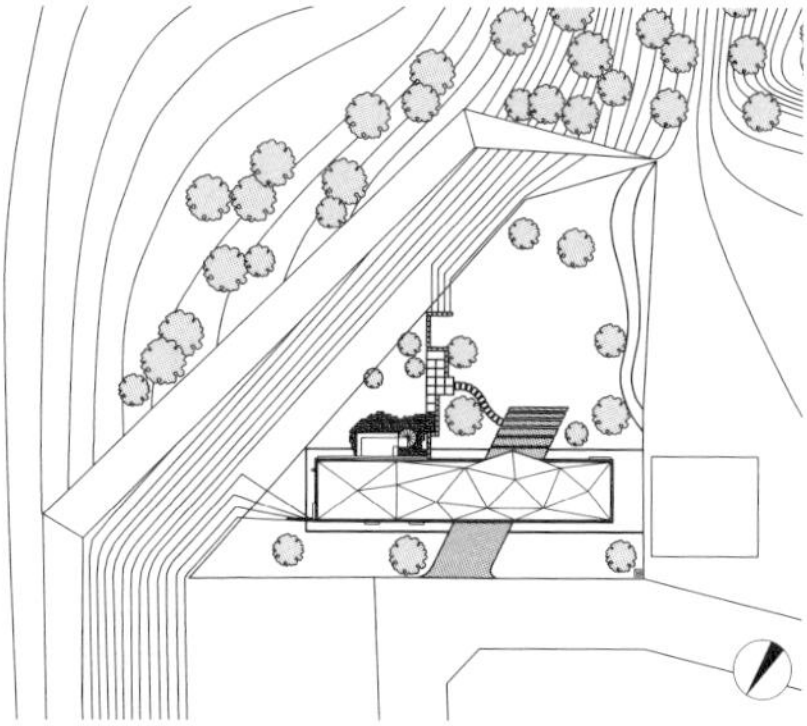

「早坂邸（那須塩原の多面体）」（2012）
用途　住宅（夫婦＋子供1人）
構造　木造一部鉄筋コンクリート造／地上2階
敷地面積　852.98m^2
建築面積　135.00m^2
延床面積　198.82m^2
構造設計　梅沢良三
施工者　DI･SANWA CORPORATION
掲載誌　新建築住宅特集2013年10月号ほか

「F－1ガレージ」藤本さんのこと

「F－1ガレージ」とは住宅のタイトルとしては奇妙かも知れませんが、クライアントの頭文字（名字の「F」と名前慎一の「1」）からつけたので、特に深い意味があるわけではありません。ただその藤本さんの車趣味は相当なもので、伝説のシェルビーコブラを操って快走したりするのです。斜面地の低い方の道路に開いたガレージは車庫とするだけでなく多目的であり、趣味を実際に生活の一部とするために、二階（法的には一階）の主室から車の様子が覗けるようになっている……という具合です。

元は関西・岸和田、だんじり祭りで有名なあの岸和田の人。しかもだんじり祭りでは山車《だし》の上に乗って、曳き回しで飛び跳ねていた方というではないですか。若干強面かなと思うものの、実はたいへんな子煩悩、一人娘（当時）のことを語るときのうれしそうなドヤ顔が印象的な方でした。

さてそんな人柄が建築にどのような影響があったかといえば……、

私の仕事はまずいつもの通り、予定された敷地の特性を読み取ることと、家族のこれからのライフスタイルの行方とを私の頭の中で合体させることでした。そしてここではキッチリとした完成型というより多少ラフなしつらえでも、かえって藤本さんのつくる家族内規律がやがて建築を完成させるのではないか?と感じていました。

　北を前面にした斜面地で、西にも開いた角地ということを利用して構想を立てていくと、西側斜面の中間をエントランスに定めて出入りさせれば、半階分上がるだけで北側・前面・道路のガレージレベルとは一層分のレベル差ができるというわけでした。ガレージレベルを地下、見かけ上地下一階・地上二階建ての三層構造とすれば合理的です。このような構想を含めて、敷地の持つ特性を建築に活かすために少々特殊な構造形式をとりました。主体構造はRC（コンクリート）でありながら二階と屋上階は木造の床、浴室サニタリー・ブースは鉄骨でつくられているというハイブリッドな適材適所の複雑系を構想したのです。構造家パートナーはベテランの梅沢良三さんでした。

　半完成型とは、構造躯体だけをハッキリ現わした建築のことです。

立派な家、完成された家は、仕上げもしっかりしているかわりにその分建築の構造はかくれてしまうことが多くなります。しかし美しさをどこに求めるかにもよりますが、仕上げがあるから美しくなるというものでもないのです。

　そもそも今回、この本をつくろうとしたキッカケが、実はこの「F－1ガレージ」が前作の私の住宅作品集のリストから漏れてしまったことによるのです。自分で言うのもおかしいですが、ローコストにもかかわらず、とてもよく考えられている住宅なのに作品集から外さなければならなかった悔しさが、今回の本づくりのきっかけになったと言うわけです。家族の絆が強く、お嬢さんの成長する姿を見ることがこの上ない幸せのように感じられた藤本さん。確かに平均的な小学生の女の子の好むような遊びより、何かしっかりと社会を見据えるようなオシャマなところを持っていましたから……いまや立派な社会人になっているに違いありません。

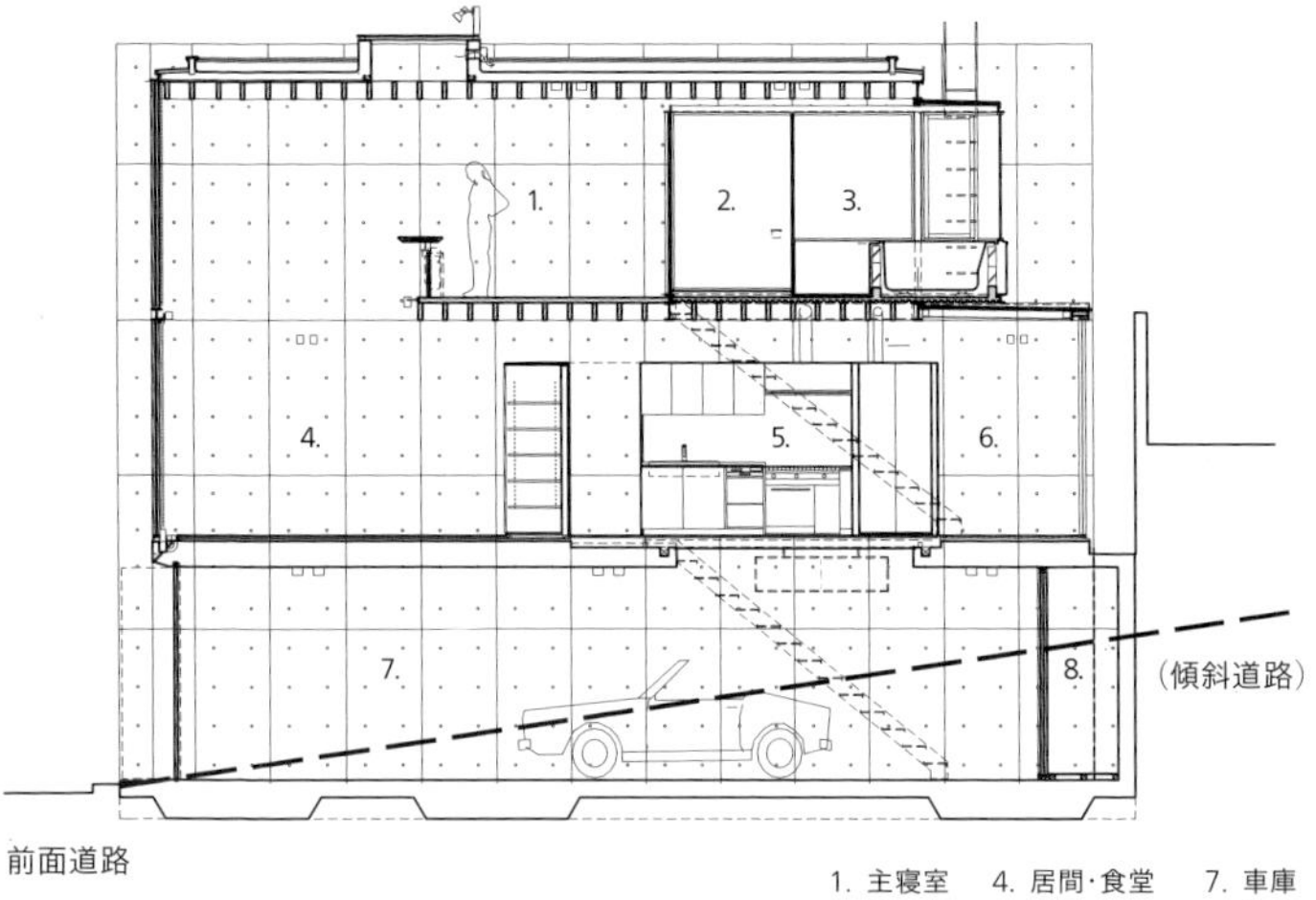

1. 主寝室　4. 居間・食堂　7. 車庫
2. 洗面室　5. 厨房　8. 収納
3. 浴室　6. 屋内テラス

コンクリートの壁面中央に配された玄関。北西の角地にある敷地は北に向かって下っている。

上／1階ガレージより見上げ。
下／3階バスルームと北に抜ける窓。

2階、3階と吹き抜けた主室。黒い箱がキッチン。

住宅を横手から見る。

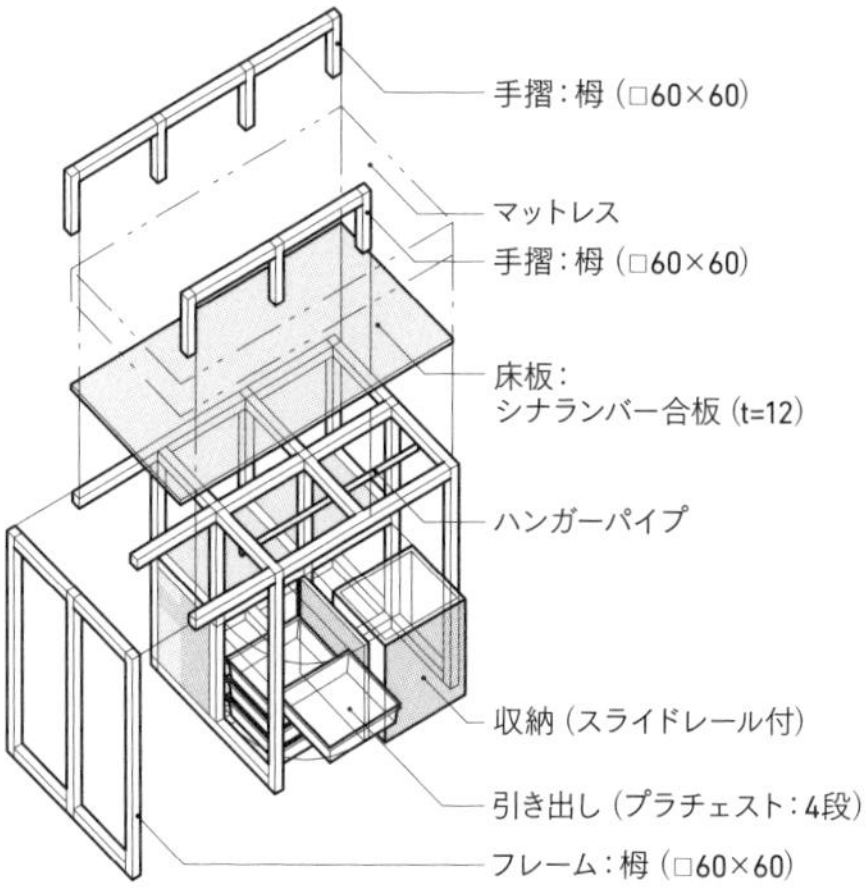

子ども室の環具

「建築そのものが家具」という考え方は、個室Bを構成する家具にまで一貫している。「ジャイアント・ファニチャー」と呼ばれる子ども室（環具）は増改設もでき、どこの場所においても解体・再組み立てが可能である。

「藤本邸（F-1ガレージ）」（2001）
用途　住宅（夫婦＋子供1人）
構造　鉄筋コンクリート一部木造／地下1階＋地上2階
敷地面積　102.48m^2
建築面積　51.04m^2
延床面積　122.77m^2
構造設計　梅沢良三
施工者　岡建工事
掲載誌　新建築住宅特集2002年6月号ほか

黒川紀章先生の幻の別荘

黒川紀章先生は建築界でも特異な存在でした……。スター性、カリスマ性からいって、建築家というより芸能人的な側面が強く印象に残っている、というのが一般的な見方かもしれません。そのせいか、建築界では必ずしも好かれている存在ではなくむしろ、嫌われていたのではないでしょうか。一例ですが、建築界で認められるための登竜門とも言える日本建築学会賞を先生が手にしたのはかなり晩年でした。

しかしながら、私にとってはまったく違う印象でした。……建築界の大御所ではあるのだけれど、とてもチャーミングという表現が当たっているような気がする人でした。初めてお目にかかったのは何かの建築コンペの審査会場でした……そのコンペのコーディネーターの方が「横河さんは英語ができるのですよ」と紹介するとすかさず「そんなことは関係ない！」と切って捨てるように言われたので、私から「そうですよね？　何を喋れるかですよね？」と言って切り返したのですが、そのことがきっかけだったのでしょう、なぜかその後私を気にして目をかけて（?）くれたように思うのです。突然呼び出されては、何か相談ともつかない話を長々と伺うこともありました。……カザフスタンの新都市計画の小さな模型を手にしながら、延々とその計画についてお話しされたことも。黙って聞いていればこのなかの「○○計画を君がやってくれたまえ」とでもおっしゃるのか?と楽しみにしていても（ただずーっと聞いているのも辛いのです）、結局何もなく、「いや、失敬」と言ってその場から去っていくだけでした。

最晩年の仕事、東大生産研の跡地に建てられた国立新美術館の竣工お披露目、オープニング・レセプションのときのことです……入り口に陣取って、招待客の長い列をつくっていたので、挨拶だけをしてすり抜けようとした瞬間、「おっ横河君、悪いけどちょっと待っててくれ！」と声がかかったのです。

待っていると「悪い悪い、いやちょっと君に頼みがある……僕の別荘・ゲストハウスを設計してほしい！」と。何を言われているのか？　突然のことなので「冗談やめてください……自分で設計してくださいよ」と言ったものの、これは冗談でもなく「僕には時間がない……」と言われたような気がしている間に担当の秘書を紹介されて、「すぐに土地を見に行ってくれ！」ときた。嬉しいやら何か変だな……との思いとともに、仕事を進めることになったのです。

　あとからちゃんとした設計契約とともに条件をいただいたのですが、一九七〇年代に先生が設計した山中湖の別荘の隣りにゲストハウスをつくってほしい……ということでした。条件は四組の夫婦が寝泊まりできて、先生たちをいれて五組・十人の食事ができること。建築談義ができるアットホームなくつろげるスペース、テラスにはジャグジーがほしい……などとおっしゃるものだから、もうご自分で設計してるんじゃないですか？　というと「いや、これは施主の要求だ!!」と譲りませんでした。

　いくつかの計画案を考えてみましたが、先生の建物の横にただつくれば良いというものでもなかったし、そもそもご自分で設計されたかどうかもわからない先生の建物に「これカッコ悪いです」と正直に言うと「そうか？　じゃ、それも治してくれ」ときた……。確かに鈍重な（いや失礼）屋根が分厚く覆いかぶさっている木造で、プランも良い感じではありませんでしたから、私たちの案では道路面から言えば三層目のリビング・ダイニングエリアに大きなテラスを挟んで、この古い家とは回遊する形で結ぶことにしたのです。ご希望のジャグジーもそのテラスに納めたので、先生はご満悦でした。基本設計の終了時「こういうのは考えてなかったな?!」と満面の笑みを浮かべながら、我々のつくった１／１００の小さな模型を持って秘書室の女性たちに自慢していたことを思い出します。
なんだ……やはりご自分でも頭の中で案を考えていたんだな、と思ったのは言うまでもありません。私たちの案がいい意味でご自分の予測を超えていたからでしょうか、本当に嬉しそうでした。

しかし、しかしである……世相は（それに彼の人生も）激変し、自らの政党「共生党」立ち上げて東京都知事選に立候補したりしていたので、なかなか会う機会にも恵まれなかったのですが、なんと！途中ご自分がデザインしたお墓のスケッチを渡されて、この墓の場所をつくってくれとおっしゃったのです。やはり、ご自分の死期を感じていらしたのだろうか……結局この依頼は、日の目を見ることがありませんでした。実施設計が終了していよいよ着工というときに、ご本人がいなくなってしまったのだから仕方がありません、実施設計料もいただけないまま、終了してしまったのです。

この依頼、この設計は彼の別荘というより、黒川紀章という建築家がどのような形で建築界に存在したか、自分のことを将来の建築家たちに語り続けてほしいと願った建築談義の場だったのでしょう（黒川紀章別邸・ゲストハウスの１／１００スケールモデルは建築倉庫、寺田倉庫に展示してあります）。

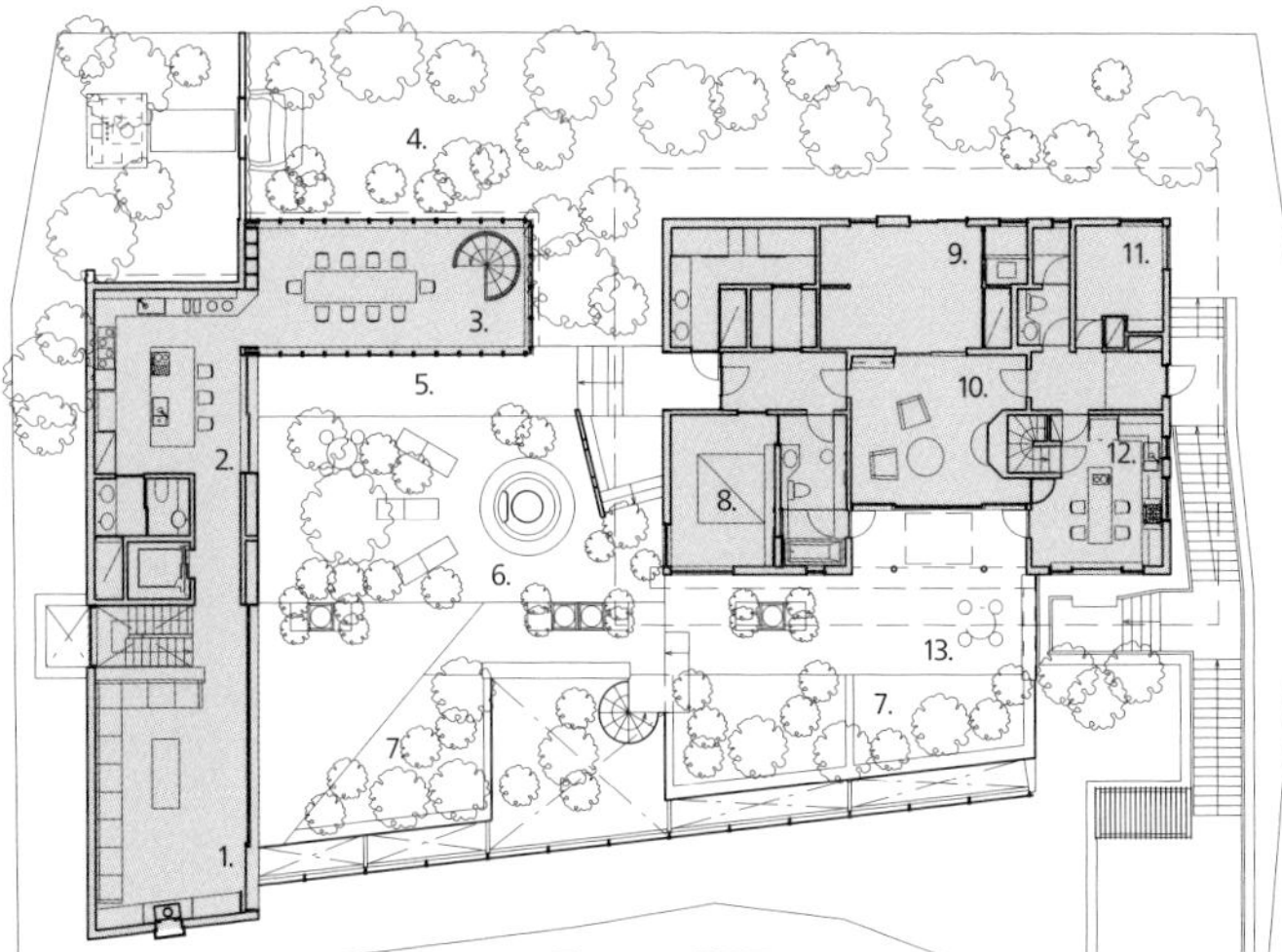

三層レベルの平面図

「黒川紀章別邸」(2007)
用途　別荘
構造　鉄筋コンクリート造一部鉄骨造
　　／地下1階＋地上2階
敷地面積　1028.35m^2
建築面積　472.81m^2
延床面積　610.09m^2
構造設計　梅沢良三

1. メインリビング
2. キッチンパントリー
3. メインダイニング
4. 後庭
5. 濡れ縁
6. デッキテラス
7. 前庭
8. 主寝室
9. 茶室
10. プライベートリビング
11. 和室
12. ダイニングキッチン
13. プライベートテラス

荻野さんの四世代住宅

それは大学の教職では最後のご奉公となった年の建築学科の学生四十名余りを連れて、ヨーロッパをバスで駆け巡っていた最中でした。iPadに不思議なメールが飛び込んできたのです……「ネットで検索してあなたの存在を知った、ついては建築の依頼をしたい……」と要約すればこういうメールでした。バスに揺られながら文面に間違いがないか何度も読み直していました。メールやSNSなど世の中とても便利になったとはいえ、便利さ故にときおり気楽な（あるいは、いい加減な）メールが入ってくることもあるからです。

メールの送り主に聞き覚えがなかったので、横浜の私のアトリエに転送して少し調べてもらうことにしたのです……しかし、秘書からすぐに返事が返って来て「この方は大変有名な方です……」と言うではありませんか。直接の知り合いではありませんでしたが、怪しい人ではないと言うので、取り敢えずこの旅を終えた頃、お目にかかることにしたのです。

こういった感じで仕事は始まりました……ところがクライアントはご夫婦ともとても忙しくしていて、居住地が日本を含めて三カ所。私も暇と言うわけではないから、打ち合わせの日程を決めるのもままならない、しかも建築のプログラムも極めて複雑なのです。聞けばご本人たち（直接の施主）はいまは常駐しないが、やはりホームベースとしての日本であることに代わりがないし、将来歳を取れば取るほど、日本の家に滞在する頻度は高くなる、と。

息子さんの家族は小さな子どもが三人の五人家族です。常時居住は間違いがないけれど、日夜成長してゆく子どもとの関係を考えなければならない。さらに、隣には数年前につくられたご自分たちの住宅がすでにあって、祖父母（施主のご両親）がお住まいになっていました。そのお母さま（四世代なのでお祖母さま）はお料理がとても上手くて、ひ孫たちのお食事を一手に引き受けて、そのお隣の家で食べさせていたというのです。

新しく私が設計して建てる住宅は、三世代の二世帯住居。しかしその隣の家との行き来があって、四世代をうまくつなぐ家が求められていた……というわけなのです。

敷地はＴＯＫＹＯの名高い住宅地とは言うものの、最近ではたくさんの小さな家が所狭しと軒を連ねていて、必ずしも良い住環境とは言えなくなって来ているようです（日本の税制による環境破壊と言えます）。しかし、そういった状況のなかにあっても、まるで真空地帯のようにポッカリと天空に延びたところでした。私が初めてその敷地を訪れたとき、そこだけは天空に向かって深呼吸できそうな、あるいは厚い雲間から光り輝く陽光が覗くような……そんなある種の神聖さ持った敷地で、いままで誰も気づかなかったかのように、静かに潜んでいたように見える不思議な敷地でした。

　しかし、この土地、複雑なプログラムの建築化をさらに難しくしている要因がありました……上空に高圧線が走り、計画道路が敷地を斜めに横切っていたのです。つまりこれらの建築制限（計画道路にかかるところはＲＣの三層を構成できない）をすり抜けながら構成してゆかねばならなかったのです。

　筒状の緑の楽園を囲む住居計画の構想は、初めて敷地を見たときから、かすかに私の頭の中に芽生えたように思います。そして、ここを訪れるたびに、その構想の芽は確信へと変わっていったのです。

確固たるコの字型に配置された住居を和らげるように、円形の緑の筒が地下から伸びてくる。アプローチゲートとなるステンレスメッシュの結界に守られた絶対的な楽園が生成されるのです（このゲートはセキュリティ上の結界であると同時に、アンテプリマのワイヤーバッグのオマージュでもあるのです）。

外部空間であるはずの中庭の緑筒は、地底から天空を目差してそ

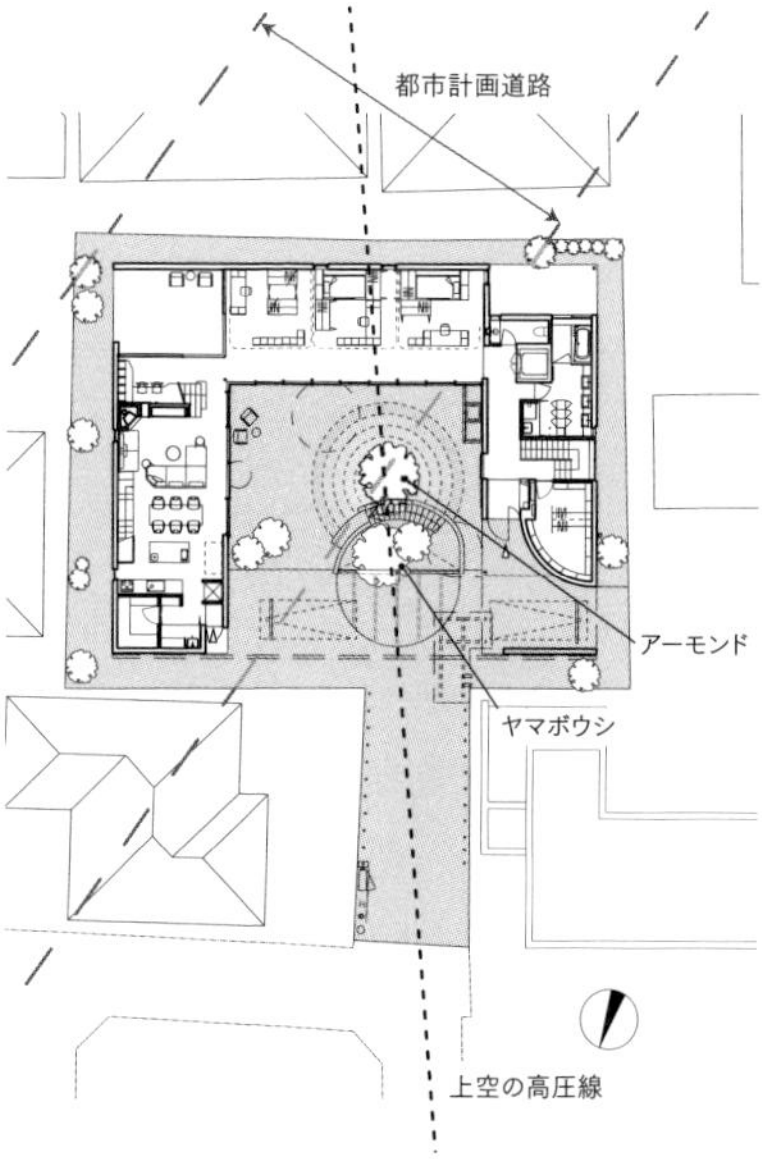

荻野邸のアプローチゲート。

びえ立つ緑（山ボウシ他）と地上に配置されたアーモンドの木が一体となって大きく葉を拡げるように計画されました。

四世代の生活の中心はどこに動くのでしょうか？　日常的に占有率の高い若い家族の主室でしょうか？　あるいは料理のうまいおばあさまのキッチンでしょうか？　はたまた海外から帰国するクライアントご夫妻のパーティー空間でしょうか？　私はそのいずれの場面でも破綻がないように、また多世帯のお互いをディスタープすることなく暮らせるように、それぞれの生活のシーンを描いたのでした。

そのためには、多世帯のそれぞれの生活空間を独立させておきながら、双方をつなぐジャンクション空間としての「環具」がここでも必要と考えました。

繰り返しになりますが、環具とは環境を操作する家具のことです。つまり、この建物で言うなら、空調をはじめオーディオ・ＴＶなどの設備を納めた収納家具ではあるのですが、階の上下つまり多世代を行き来する階段室が空間の連続性を持ちながら、どちらに属すこともできる書斎ブースを内包した家具というわけなのです。

そしてもうひとつ……わざわざ一階のエントランスから主室となる居間の間に子どもたちのゾーンを設けたことです。このゾーンは緑の外部空間に開いたアート・ギャラリーでもあるし、十歳以下の男女三人が自由に振る舞うゾーンでもあります。そのため、建築的につくる閉じた子ども室が三つ並ぶのではなくて、各々の子どもが創意工夫して組み替えられる環具ブースとなっているのです。

さて、将棋でも何手先を読むかが大事なのでしょうが、必ずしも施主からの直接的な要求ではなくても、考えられるプログラムを建築的に解くことが必要です。特にさまざまな人の動く動線計画の便利さと、プライバシー、セキュリティを同時に解決することが、建築家に求められる大前提の問いです。また設計しているいまが大切なのではなくて、家族が成長したり、施主も歳をとるということをプログラムに組み込まなければなりません。

……そう！　竣工した何年か先のこと、遠い先をイメージしながら考える未来予測が、私は好きでたまらないのです。

1階主室に光が走る。

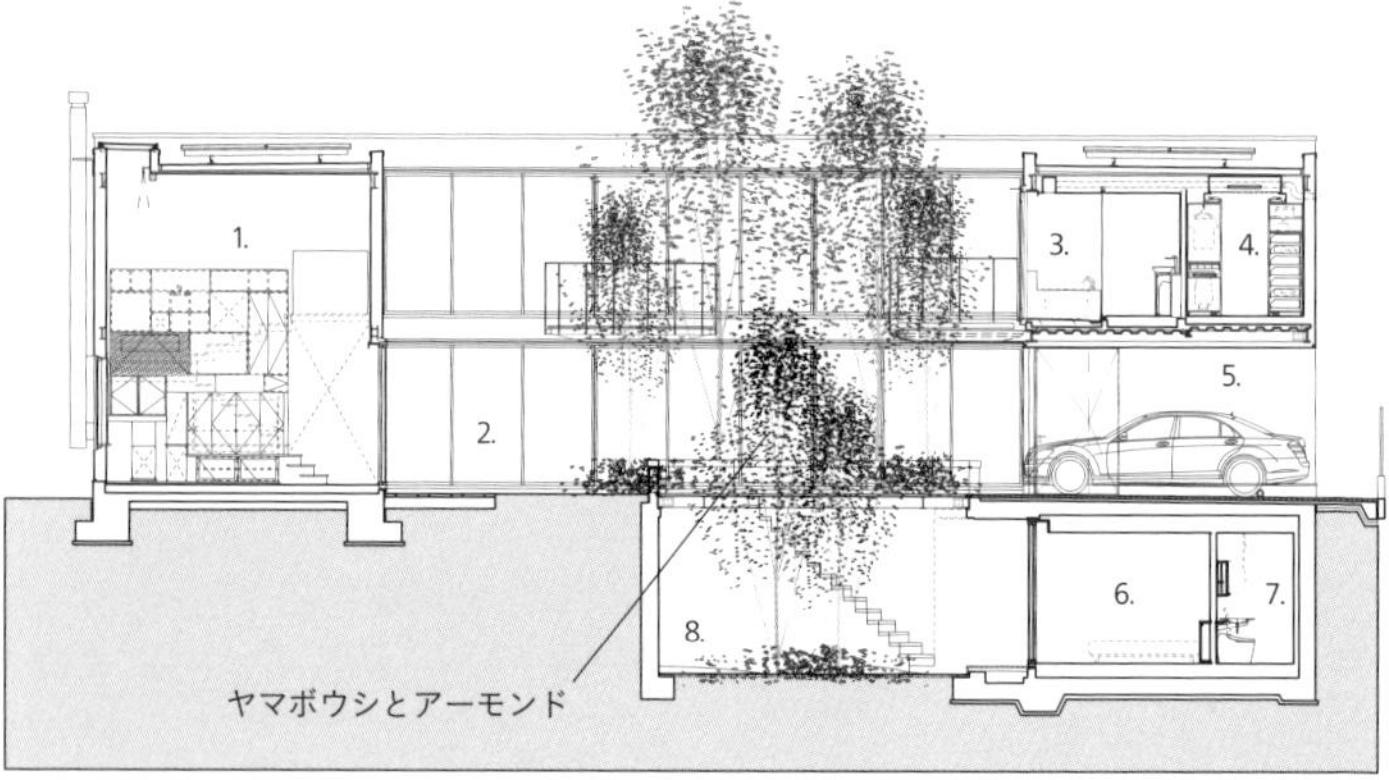

1. 主室
2. 庭
3. シャワー室
4. クローゼット
5. 玄関
6. 主寝室
7. 風呂
8. 光庭

1階、庭に開いた主室。

ゲート（結界）のなかに優しく開いた。

「荻野邸（HOUSE O）」（2016）
用途　住居（4世代3世帯：夫婦＋若夫婦＋子供3人）
構造　鉄骨造一部木造・鉄筋コンクリート造／地下1階＋地上2階
敷地面積　569.47m^2
建築面積　223.99m^2
延床面積　465.17m^2
構造設計　梅沢良三
施工者　佐藤秀
掲載誌　新建築住宅特集2017年1月号

第三章

名作住宅に学ぶ

フランク・ロイド・ライトのウィンスロー邸

名作住宅として第一に挙げたいのはフランク・ロイド・ライトのウィンスロー邸です……が、その前に少しだけ当時の建築様式に触れておきます。

建築は言語、つまり言葉であると言います。何語であるかは別にして、部分である単語を持ち、単語をつなぎ合わせて全体を統合する文法があり、文法を構成する形式を持っている。そして全体の体系は文化とともに発展し、変化洗練されていったと言えるでしょうし、その表現内容は時代の変化とともに豊かさを持ち、ある時代には権威づけられていくのでしょう。これが様式建築と呼ばれるものです。そしてライトの生きた若い頃は古典様式が幅をきかせながらも近代に向かおうとしていた時代ですから、ライトは新しい自由なアメリカの建築をつくろうとしていたのです。

ご存知の方も多いとは思いますが、ウィンスロー邸はライトがサリバンのところから独立するかしないかの頃、一八九三年の設計というから驚きです。この頃はもちろん様式建築、時代を表す意匠を引きずってはいるのですが、シンメトリーの美しいエレベーション（立面）を見た瞬間から、私は目が釘づけになってしまったのです。

ウィンスロー邸のエレベーション。

なぜだろう？　なぜこんなに惹きつけられるのだろう、と自分なりに分析を始めたことをいまでも覚えています。少しずつわかってきたことなのですが、まずはその美しいと思った立面の不思議なプロポーションでした。ちなみに、私が初めてこの建物の写真を見たのは一九六〇年代後半か七〇年代でした。つまり私がそれまでの建築との違いに気がついたのは最近のことです。もっともそうは言っても十九世紀のそれまでの建築とはもちろん、現代の建築との比較としての違い……ということなのですが。

　ともあれ、このプロポーションが普通ではない、ということに気づいたのです。立面を見ると、正面の真ん中にまさに玄関とわかる扉が、その両サイドの大きな正方形の窓と玄関扉が一体にデザインされているので、まず建物のスケール感がよくわからないことが一つ。その窓と建物全体に覆いかぶさっている大きな屋根との間は、一見して影になって暗い。そのために平屋の建物かと思わせるということが二つ目。二階建てだとしたら（実際には地下を含めて三層）二階についている窓の位置はかなり低いことに気づくでしょう。つまり実はとても変な、不思議なプロポーションをしているのです。

玄関扉の上、屋根との間にある木彫りの装飾フリーズ（右）と玄関内部の応接アルコーヴ（左）。

この低く抑えて水平線を強調してゆく、後々ライトがプレイリーハウス（草原住宅）と名づけた設計スタイルがここに始まっていると言えるのかも知れません。さらによほど注意深く見ないとわからないのですが、屋根・軒の下の影になっていたところは木彫の装飾フリーズになっていて、ここにライトの師匠サリバンが好んでいた意匠が隠れているのも見逃せないのです。

内部空間も、まだ時代的な威厳のある空間が迎えます。私は一度しか入ったことがありませんが、玄関を開けた正面には敷居を高くした応接アルコーヴが来訪者を迎え、しかもそのアルコーヴはイオニア式の柱頭を持つ列柱を模した結界に包まれているのです。つまり、わが国で言えば伝統的な座敷とでも言っていい空間が待ち受けていて、現代風のフランクな接し方と違って、客人との接し方に時代の形式・作法を感じるのです。

時代を感じさせると言えばそのほかにも、後々のライトの設計手法である水平にどこまでも繋がる一室空間デザインに至る手前のデザイン、つまり、各室・四角い箱が機能に従って連結されてゆくという昔ながらの設計手法なので、いまこの家で現代の生活習慣を続けるとしたら、かなり手間のかかる厄介な暮らしとなるのは想像にかたくありません（いま現在も継承され使われています）。構造はもちろん老朽化するでしょうし、設備はもともとエアコンなどない時代のもの、建具や照明の玉一つ取ってもかなり大変な暮らし……と想像します。しかしそれでも尚、生活自体を歴史的工芸品として、ライトの住宅建築に誇りを持って生活・維持している方々がいる素晴らしさ、歴史文化をつないでいくアメリカ魂を見る思いがするのです。

　つまりこの建築を見ると、その建築の素晴らしさにとどまらず、百三十年を超えてこの建築を継承している姿に胸を打たれるのです。歴史建築として展示しているわけではなく、民間の住宅で、現在も生活を維持して生きている建築であるということに、です。

　羨ましい……日本の国はいつから貧しくなってしまったのでしょう……。ライトのような素晴らしい天才的な建築家がこのウィンスロー邸を設計したのち、実は日本の美しさから影響を受けています。日本で帝国ホテルなどを手がけたのちアメリカに帰ったライトは美しい建築をつくり、またその建築は世代を超えて継承されているというのに、私たちが美しさを継承できないのはなぜかを問わねばな

食堂前の庭に面したアルコーヴ（モノグラフには朝食室となっている）。

らないでしょう。つまり残したい、美しさを継承したいと思ってもできない仕組み（制度）にされていることが原因だと指摘しなければならないのです。

ルイス・I・カーンのフィッシャー邸

二十世紀最後の巨匠と言われた建築家ルイス・I・カーンのフィッシャー邸は、私たちの知る多くの住宅の設計のなかでも最高傑作と言って良いと思います。理由は住宅の佇まいからプラン構成、建築の完成度。敷地の読み取り、ランドスケープデザイン、構造構成からディテールに至るまでカーンの目が行き届いていることも、また、建築家とクライアントの信頼関係としても最高傑作と言えるのではないでしょうか。カーンが世に送り出す建築の絶頂期と重なり、多忙を極めていたと思われるさなか、設計に四年、施工に三年、つまり竣工までにトータル七年もの年月を重ねた住宅で、その後もたびたびここを訪れ、フィッシャー夫妻との話を楽しんだといいます。カーンにとっても幸せな仕事だったのではないかと思うのです。

カーンの建築は生まれながらにして古典になる要素、品格を備えています。例えばその佇まいですが、前面道路からわずかに入ったところ……と言っても二〇メートル以上は入っているので、日本の住宅地のスケールとは比較にならないのですが（つまりわが国の住宅・住宅地は世界レベルで良い住宅地と呼ばれるものとは比較するのも恥ずかしいほどの狭小密度で我慢をさせられている、ということを別途問題視するべきなのかもしれません）。

このフィッシャー邸は二つのキューブが並んでいて、それぞれ約八メートルと八・五メートルの幅と二層分の高さを持っているので、ほぼサイコロ型のキューブです。リビング・キューブは道路と正対していて、手前のスリーピング・キューブは四五度振れています。まず、その角度が振れていることによって、敷地に広がりが生まれるのです。図と地の関係でいえば、建築が図だとすれば、地である敷地の空気が広がるのです。それに、いわゆる住宅に普通ついているはずの開口部（窓）が見えません。あるのは二層分に切れたスリットです。このことが住宅でありながら普通の住宅にない静謐さを与えるのです。しかしだからと言って、妙な威圧感をつくっているわけではありません。つまりこの佇まいからして建築の品格が生まれ、特別であるとわかるのです。

このフィッシャー邸では自然（敷地を流れるクリーク）に向かった開口部でも、ある種のルールを持っていて、前面・壁面と同じ面（ツラ）に取られたガラス面はすべてＦＩＸつまり嵌め殺しで、開く窓

道路側外観（上）と暖炉前の環具（下）。

は外壁のツラから一段奥まって影にあるのです。眺める窓と開く（空気を入れる）窓は、明快に区別されていることがわかります。

　さて、エントランス（入り口）も四五度に振れたスリーピング・キューブの影にあります。玄関扉を開けるとそのまま廊下正面は自然の林とクリークに抜けていて、独立したスペースからリビング・キューブに招き入ることになります（そこが寝室のためのキューブだとは知る由もない）。この演出というか、まずプランニングが素晴らしいのです。つまりいきなり主室の全貌を見せるのではなく、自然に角度を変え、一番重要なスペースに自然に招き入れられることになるのです。そのことによってキューブを並列させた状態の何倍もの空間密度が与えられるのです。

　さて、平面的には大して大きくもないのですが、二層分に吹き抜けたこのリビング・キューブに、カーンの想いのすべてが凝縮されていることがわかります。

　外の自然、クリークに開いた大きな開口部とその開口部と一体に設計された木製のベンチ、そのベンチと呼応するようにそびえ立つ半円筒形の暖炉、その石積みの巨大な暖炉は人びとの暮らしの証しです。つまり、この住宅の中心というばかりでなく、カーンはこの建築が遺跡となった後にも人の住処を示す象徴として、スピリチュアルな意味を込めたのでしょう。そして暖炉の向こうには、やはりクリークに開いたダイニングスペースが見えます。

　カーンは遺跡が好きだったという……たぶん人の刻んだ歴史の証人だからでしょう。この建築も、千年のときを超えて上家が朽ちたとしても、石積みの基礎とこの暖炉だけは残るであろうと考えたに違いありません。また開口部、フィッシャー邸の開口部は普通の窓というほど単純ではありません。見る窓、あるいは光を取り入れる窓と、風を取り入れて開く窓を立体的に組み合わせて、しかも床から浮いたベンチが全体の立体形に組み込まれているのです。カーンはこの立体的な開口部＋家具をもう一つの「Room（空間）」を生み出す仕掛けと考えていたようです。この新たなる「Room」を生み出す立体的に構成した設計を「環具」と言わずしてなんと呼ぶのでしょう……？

　私はカーンのフィッシャー邸に長らく憧れ、崇拝に近い想いで、いつかこの目で、身体で感じたいと思っていました。二〇〇五年の五月、その思いは叶い、フィッシャーさんご夫妻にも直接会ってカーンとの話を伺うことができました。奥さまのドリス・フィシャーさんは敬愛を込めて「ルーは……」とさまざまなエピソードを披露してくれました。なかでもダイニングテーブルの前の庭とクリークを眺める大きなガラスは、ルーに頼んで後からやり直してもらったのだと……せっかくの自然の景色を食事をしながら楽しみたい、と。カーンはその夫妻の想いを理解し、自分の当初の考えを改めて、竣工後半年を経過していたのに、この面の外壁を取り外して大きな窓に付け替えたのです。

　このエピソードも素晴らしいし、フィッシャーさんはこのヒノキの外壁を家具を扱うように手入れをしています。数年（四年）に一度、漂白剤溶液で洗浄してから亜麻仁油をかけ直しているのです。四〜五年するとヒノキはシルバーグレーになってくるので、普通ならその経年変化もよしとすると思うのですが、フィッシャーさん夫妻は陽に焼けた薄茶の木肌のまま維持させたいと考えたのです。フィッシャーさんの建築家カーンに対する信頼と、この家に対する敬愛を込めて暮らしている彼らの誇らしさが伝わってきます。

キッチンに立つドリス・フィッシャーさん。

さて、カーンの「Room」という概念についても触れておきましょう……。あまりにも有名な「建築はRoomから始まる」という直筆のドローイングがあります。ドーム型に包まれた屋根の下に暖

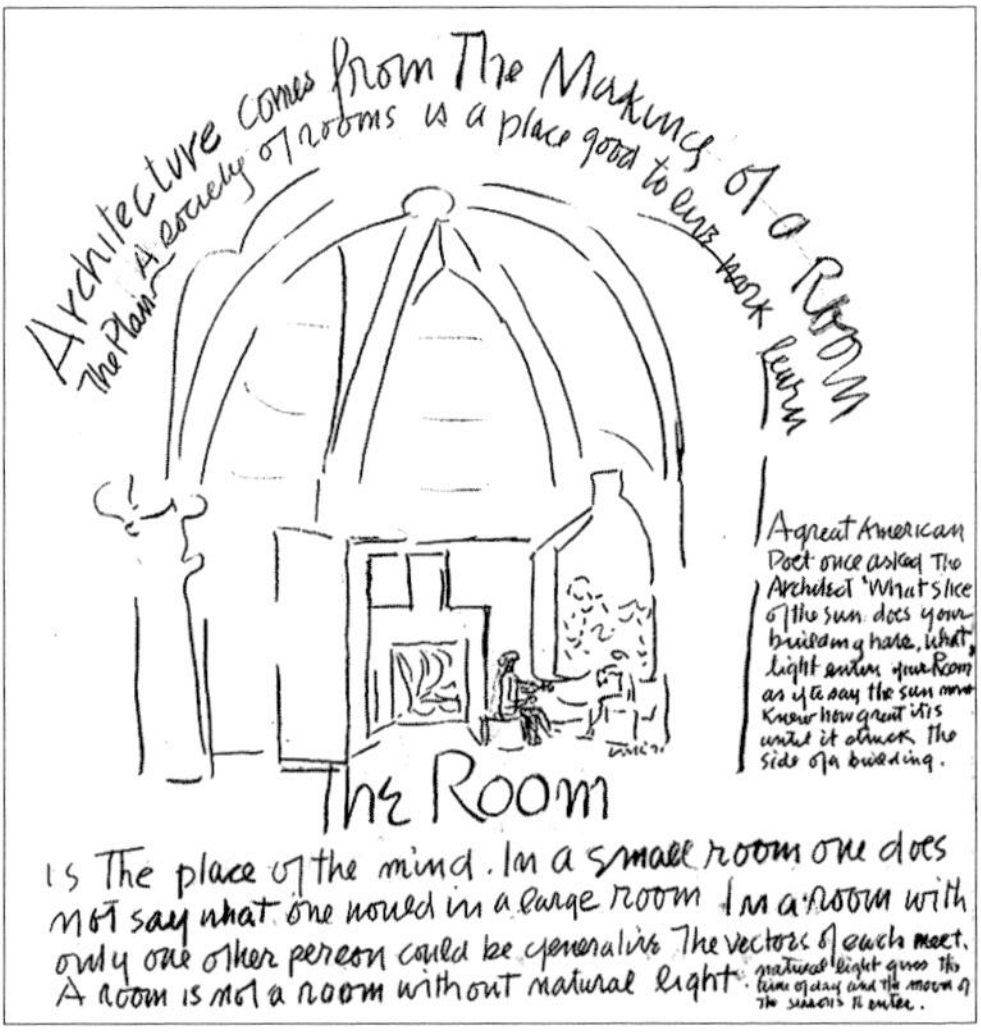

炉の火があり、縁を望む窓辺にはテーブルを挟んで人がいます。「計画（平面）それはRoomの共同体で住む、働く、学ぶことにふさわしい一つの場所なのです」と記されています。……カーンは小さな住宅でも公共建築でも、建築の静謐さを求めていたと思います。ただその静謐さとは人びとのためにあるもので、威圧するものではありません。すなわち住宅であれ、仕事場であれ、学校であれこのRoomの概念が大切なのです。つまり建築にとって、人びとを包み込む空間こそが建築をつくり出す根元的な動機なのだというわけです。しかも建築が単に人を包み込むだけではなく、自然の光とともに人と人を結ぶ、つまり私とあなたを結ぶものでなくてはならないと……。

　カーンが建築を学んだペンシルベニア大学建築学科では当時、フランスのエコール・デ・ボザール系の歴史と伝統を重んじる教育がなされていました。と同時に世界は近代建築のムーヴメントの渦に入っていくので、近代建築の造形語についての根本的な問題意識をカーンは失うことはありませんでした。

　カーンの「近代建築の造形原理」や「建築論」、あるいは建築哲学の読解書や作品の解説書などがすでにたくさん出版されているので、ご興味のある方はより深い研究をされるのも良いと思います。しかし、私はカーンの研究者というわけではないし、彼の難解な（実は単純明解な）言葉をここで翻訳したところで意味はないでしょう。私にとって重要なことはカーンの建築から感じる空間の存在感なのですから……。

つくる側、すなわち建築家だけの話ではないのですが、仮に目の前にある芸術というものは、建築でも音楽でも、見るにせよ学ぶにせよ受け取る側の能力を要求するものなのだろうと思います。だから名作を眼の前にしても何も感じない人もいるのです。カーンの建築空間について説明をすること、学ぼうとすることほど難しいものはありません。

カーンは建築を学ぶ学生たちに「あなたは自らの一部分でないものを学ぶことはできない……」と述べています。このことは重い……つまり自分の一部にないものは学べない、張り付いたとしても身にならない、意味のあるものにはならないであろうというのです。

建築の持っている難しさと言えるところで、真似することはでき

クリークに開いた外観。石積み基礎内部にはD・フィッシャーさんの菜園道具が納まっている。

ても、その人のものにはなれないのです。ここで名前を挙げて比較するわけにはいかないかもしれないけれど、カーンに似た建築をつくる人たちがいます。空間構造の分析（寸法・光の入り方など）や材料の選択などによって似て非なるものは模倣できる……としても、空間の持つ存在感（アトモスフィア）はなぜか模倣できないのです。

カーンの建築にあって他の建築に見ることが少ないものに、空間の厚みがあります。私が思うカーンの「Room」には、ダイナミックな静謐さ、宗教観に包まれたというと語弊があるかもしれないけれど、空間のスピリチュアルな要素を見逃すわけにはいかないのです。大きなものでも小さな住宅でも、カーンの建築はその空間にふさわしい材質と距離を持って私たちに語りかけます。そしてそれぞれが慈愛に満ちているので、私たちも離れがたく愛してやまないのです……、近くにあるときも遠くにあるときも。

思い出の家、吉村順三先生の有富邸

　人の記憶はどこから来てどこに宿るのだろう……いつも不思議に思います。私は記憶の回路が壊滅的に怪しく、自慢じゃないけどお目にかかった人の顔はまだ何となく覚えていても、名前となるとまったく思い出せないことがよくあります。初めましてと名刺を出そうとすると「あっ！　先生お目にかかるのは三度目です……」と言われたりで、いつもたいへん失礼しています。少し前までは記憶力が悪いというより、次々に新しいことを考えているから創造的な人間は仕方がないのだと強がっていたのですが、ここにきてそれも怪しい……。

　しかし、こういった私でも、絶対に忘れようがなく、強烈な記憶として心に深く刻まれることがあります。記憶に残るのは静止した画像というよりも、あるシーンなのです。建築の記憶はいくつもありますが、古くは米国留学からの帰り、すっかり日の落ちたウィーンの街中を一人で歩いていたとき、忽然と現れたレッティーの蠟燭店（ハンス・ホライン設計）を発見したときの驚きは忘れようがありません。ウィーンの様式建築に埋まった街中に、アルミ・アルマイトパネルの新しくも清楚なファサードが、近代を通り超してコンテンポラリーな未来を予感させるものだったからです。

あるいは本書にも挙げるフィンランド・トゥルクでのE・ブリュックマンの礼拝堂に触れたときのエピソードなど、一つひとつ挙げれば切りがなく、思い出すたびにそのときの感動、心の震え方が再現されます。できればそれをお伝えしたい。当時の記憶がただ蘇るのか、はたまた後から写真を見たり、人との会話から記憶が増幅されてきたものなのか、定かではありませんが、強烈な心象風景を築いてきたことは間違いないのです。

なぜあるシーンに自分の心が震え、記憶に残るのでしょうか、素晴らしい建築は多々あるのに……もしかしたら、知らずにその建築との出会いを求めていたからでしょうか？　否、そうとは限らない。本や写真などの知識で知っていたものならいざ知らず、私が建築に心が震えた経験で一番古いものは吉村順三先生の初期の作品なのですから。

私には三歳年上の兄がいて、幼いとき、彼は自転車に乗っていろいろ冒険しに行くのですが、私は小さくてまだ自転車に乗れなかったので、兄の自転車の後をひとつしか持っていないゴム長靴を履いて、必死に走って追いかける毎日でした。ある日、兄が「好きな家がある、ついて来い」と言って自転車で走り出してしまったのです。必死に追いかけて、山手通りの反対側、少し坂道を上ってカーブに差しかかったところで、兄は路肩の擁壁に片足をかけて待っていました。私がやっとの思いで追いつくと「ほらっ」と前方のなだらかな傾斜地に水平に延びた屋根を持つ家を指差したのです。まだ工事中だったのでしょう、職人たちが忙しく働いていて、暮れかかった夕日を背景にそ

吉村順三設計「有富邸」一九五四年。

の建築は輝いていたのです。

この建築のことを思い出すたびに、熱いものが込み上げてきます。後から知ったことなのですが、これが吉村先生が初期に設計した「有富邸」でした。私のこの記憶は私がまだ自転車にも乗れず、長靴を履いて兄の後ろを追いかけていた時期ですから、小学校に入る前、たぶん四～五歳くらいのことなのです。しかし建築のケの字も解っていないときに、初めて「美しい建築」というものを認識したということなのです。

この「美しいものを体験した」という記憶は貴重で、兄に感謝しています。その後十数年経ってから建築に向かい始めることになったのだし、建築の仕事をしているときにこのことを意識したことはないのですが、その幼いときの記憶が、心象風景として私の仕事に何らかの影響を与えてきたに違いないと思うからです。

I・M・ペイの香山飯店の記憶

一九八七年、北京郊外のホテル「香山飯店」（設計I・M・ペイ・アンド・パートナーズ、一九八二年）を訪れたとき、強い陰影の奥に光り輝く緑を目にしたときの印象をはっきりと記憶しています。

建築の中心の明るいアトリウムと呼べるようなロビーの回りを薄暗い廻廊がめぐり、外の強い日差しからエントランスに入った私は、暗い空間に立ちつくして、アトリウムの先にある廻廊の、さらに向こうの緑の美しさに釘づけになりました。アトリウムには規則的に壁が並んでいるのですが、その壁には中国の伝統的な刳形の窓が取られていました。その刳形の窓は背景の暗さのためにはっきりとした形を浮き上がらせて、その形のまま、外部にある緑がえぐり取られて見えるのです。まさに明・暗・明のコントラストなのです。

この体験を、後に直接設計者のI・M・ペイに伝えたとき、ペイは一瞬戸惑いながらも、満面の笑みを浮かべて喜んでくれました。当時中国での施工技術の低さからくるディテールの粗雑さや、さらにはメンテナンスの悪さを言われるのかと彼は一瞬身構えたのでしょうか？　しかし私の意図を聞くと安心したのか、それは些末なことではなく、光の陰影による建築の本質的狙いを共有した喜びであったに違いありません。

建築とは形態ではありません。このような体験（身体で体感すること）こそは建築の根源的な命題であるし、このような手法は本来日本の古建築にいくつも見られるものだと思います。さらに建築の大きさも比較にならないし、喩えに出すのもおこがましいですが、本書でも触れた私の「回遊住宅」（21ページ）は私が体験した香山飯店の記憶がどこかで呼び起こされたのではないかと思っています。

香山飯店外観。

Ｅ・ブリュックマンの建築

住宅ではないのですが、私が経験した最も印象的な建築を一つ紹介したいと思います。

初めてその建築に触れたときの衝撃は忘れることができない……。フィンランド・トゥルクの街にあるＥ・ブリュックマンの「森の礼拝堂」と呼ばれる葬祭場のことです。だいぶ昔の夏、私たちは北欧の建築、主にＡ・アールトの建築を巡っていました。すでに若くもないオジさんたちが、目当ての建築に近づくと我先にと走り出すのです。万年建築大好き少年の性癖は、いくつになっても変わることがないようです。

ここは墓地のなかの礼拝堂、つまりお葬式の場なのです。出棺する裏手から近づいたせいか、外観はかなり質素でした。しかしそのための落差と言おうか、祭壇横手から内部空間に入ったとたん、雲間から陽が差し込んだときのようにふわっと視界が広がり、明るく輝いたのです。空間全体がアイボリーに浮遊しているではありませんか！

　気を取り直して冷静にこの建築を読み取ると、Rを描いた高い天井と非対称形のアイボリーの壁も一定の間隔の開口部のピッチにあわせて、テーパーがついているのです。空間ボリュームのメリハリ、光の取り入れ方、拡散の仕方、建築形態では単純でありながら微妙な陰影の付け方、単純なモダーンともいえない材質の選択、礼拝・埋葬の手順、すなわち参列者の動きや視線を巧みに制御しつつ、視覚・触覚としての設計技術だけでなく、見えない設備（暖房）も加味していて、建築的な仕掛けが充満しているのです……。さらに銅板細工の扉や取っ手、照明器具などのプロダクトデザインが機能的に、しかし優雅に設計されていました。

　歴史書の多くはE・ブリュックマンの建築を単にロマンティシズムの建築と片付けていることがありますが、物資も少なく、機能主義の単純モダニズムに収斂していたはずのこの時代（一九四一年）、このように美しい建築が誕生しているのは奇跡としか言いようがありません。生前村野藤吾がこの建築に通っていたとの逸話も聞くの

「森の礼拝堂」の内部空間。

ですが、私もこの建築に触れて以来、建築の見方が変わったように思います。たしかに……それ以来私たちが巡っていたA・アールトの建築が、ジャガイモ伯父さんに見えてきてしまったところにも、それは表れているようです。

　失礼ながら、ジャガイモ伯父さんと書いてしまいましたが、アールトはフィンランドを代表する建築家で、戦後モダニズム建築のみならず、artekの家具や備品もデザインした優れた人です。代表的な建築はたくさんありますが、やはり住宅で言えば、マイレア邸でしょうか？　マイレア邸の庭には、シルバーウィロー（銀柳）の木があって、夏の日差しに輝いています。

第四章

住まいを巡って

建築は社会との接点

古い話で申し訳ないのですが……米国・ワシントン州立大学との交換留学第一期生に選ばれて意気揚々と大学に向かいました。ときは一九七〇年、いまだにアメリカはベトナム戦争を続けていたし、学生たちは反戦運動、徴兵を逃れてカナダに逃亡するものもいたし、同級生には日本の横須賀に駐屯して帰ってきたばかりのものもいました。地球環境を憂慮する運動や生態学、レイシズム（人種差別）に反対したり、ウィメンズリヴ（女性解放運動）など社会問題は山積していました。そんななかの学生生活は日本の甘っちょろい学生運動とは比較にならなかったし、学生たちの将来への眼差しは真剣で自分も目が醒める思いがしたものです。

しかし、この頃も建築学科を覗くことはあっても建築にどっぷり浸かっていたわけではありませんでした。ただ、デザインするということに目覚めて、インテリアであろうがプロダクトであろうが、社会との接点として、社会に役立つこととしてのデザインの役割を思考し始めていたと思います。つまりファイン・アートのように作者の好みだけでは片付けられない「何か」を追い求め始めていたのではないかと思うのです。

　社会との接点という意味ではその留学時代にこんなことがありました。それを大学では「レタス騒動」と呼んでいたのです……。「レタス騒動」というのはレタスをつくっている、主にメキシコ系の貧しい（不法）移民たちがつくったレタスのユニオン（組合）をサポートしようという運動で、これに賛同する学生たちは、ユニオンレタスを使っていないと思われる学生食堂での不買運動を起こしたのです。多くの学生はテーブルについていてもいっさい飲食はせず、ただ水を飲んでいるだけでしたが、一方で、俺は関係ないと言わんばかりに大きなハンバーガーに食らいついているものもいました。しかもその相反する学生が同じテーブルについているのです。……この光景は私には衝撃でした。なぜなら、もし同じようなことが日本の大学であったとしたら、当時の日本の学生たちはきっと学生食堂の前にバリケードを築いて、誰も入れなくしていたに違いないからです。

……彼らは学生といえども大人なのだと気づかされました。まったく相容れない考えがあったとしてもそれを問答無用に潰すのではなく、同じテーブルについて議論が始まる。意見が違うからこそ同じテーブルについて議論が必要なのでしょう、それを民主主義というのですから。私は素晴らしい国に来たと思いました。

改めて、最近ＴＶ等のニュースで目にするアメリカは、どうしてしまったのでしょうか？　かつての同じテーブルについて議論が始まる民主主義の基本から遠ざかっているように見えることが残念でなりません。

このような話は建築と関係がないと思われるかもしれませんが、建築の仕事は絵画・彫刻のようないわゆる「ファイン・アート」とは違って、より社会との結び付きが強い仕事です。クライアントから仕事をもらうとか、公共建築にかかわるからというだけではありません。社会そのものが成熟していなければ良い仕事ができない。建築の質（良い・悪い）はその国の民度によって決まるといっても過言ではないように思うからです。

建築家に必要な感覚

私は「トンネル住居」以来、建築のような家具のような、またひとつの装置でもあるものによって空間のテリトリーをコントロールしようという試みを四十年以上続けています。いまはそれを環境としての道具、環具と呼んでいますが、そこには、私にとってはすべてが建築であり、すべてが家具であるという想いが現れています。

そもそも日本の建築は靴を脱ぐ生活に基づいています。一方で西洋では靴を脱ぐのはベッドに寝るときのみ。とすると、見方によってはベッドの空間、あれが私たちの生活でいう家具的な感覚にいちばん近くて、つまりは日本でいう建築の空間にも近いのだと思います。そういう意味で考えると、日本の靴を脱いで家に入る感覚は、そのときから家具的世界に入るといっても過言ではないように思えてきます。私には日本の建築は、「家具である」というとらえ方の方が、スケールにしても、ディテールにしても繊細でとらえやすいのです。

同時に家具はとても体に近いものです。すべての建築家が同じように考えるとは思いませんが、建築も家具も同列に考えたとき、人がいる空間では、体に近ければ近い場所ほど丁寧につくらなければいけないと思っているので、私は建築も家具的スケールで考えます。そのため、住宅においてはよりディテールが気になるし、その納まりがしっかりしていないと、人の生活そのものが快適にはならないという意識を持っています。

ディテールは、建築家による問題解決の発明です。ほかの建築家の設計も日常的に気にならないわけではないのですが、自分の仕事のために人のディテールから何かを探すことはありません。

ディテールとは自然の法則や、重力の法則に倣いながら、建てようとする場所でどう納まりを考え、解決できるのか。その理にかなうことを発見していけばよいことだと思います。また、ディテールは基本的には見せるものではなく、気がつかれなくてよいものだとも思っています。実はそれがいちばん難しいのですが、これみよがしにならないディテールはいつも心がけていることです。

住宅とは建築のなかでも、同じ人が朝から晩まで使う場所です。そういう意味では特殊ですが、私はモノづくりはコトづくりという言葉で、モノを通してコトをつくり出していく、その家族の世界観をつくろうとしています。その世界観のためにかたちや色や素材が決まってくる。もちろんディテールもです。

四十年以上前に吉村順三先生の山中湖の別荘を訪れたときに感じたことがあります。図面も手に入れて、それを実際の建築と見比べていたのです。通常建築家はあるスケールでグリッドをひいて、それに沿ってきれいに納めていきたがるものです。空間を覆う壁があったとき、それらが一〇メートル以上離れていたとしても、揃えようとするのです。ところが吉村先生の住宅の図面は、そういうルールがまったくないことに気が付きました。そういう建築家のクセのような寸法の揃え方はしていないのです。そのとき、あ、これはスケールを身体的にふまえてつくっていらっしゃるんだなと思ったのです。その発見は僕にとって新鮮でした。そして、このような寸法の取り方をすると、室内での動き方がとても楽に感じられることがわかりました。

　それがきっかけになっているかどうかは自分自身でもわからないところですが、私も住宅の最終的な寸法の決定は、正確には、現場に行って体を使って決めるようにしています。もちろん、図面の段階で配線や配管の位置はおさえているのですが、家具や照明の位置、高さなどはどうしても現場でないと決められないのです。その場所に立って手を伸ばしてみたり、動作としての流れを試してみたり、身体の動きをひとつの基準としてものを決めていきます。私自身があまり突出した体型ではないので、まずは私が気持ちよいと感じなければだめだと思うのです。もちろん、クライアントによっては体型が大きく違うこともあるので調整はしますが、ここにいたらこの場所に棚があると手が伸ばしやすいとか、キッチンの鍋を手に取ったらここに置くだろうとか、その動きは自分の感覚を基にしています。

　だからここでとても大切なのは、その人自身がもつ感覚をどれぐらい訓練できるかなのだと思うのです。訓練というと大げさですが、単純にひとつひとつの物事を気にしてみるだけで十分です。人それそれにどう気にするかは違うし、それによる発見も異なると思いますが、どこかで自分のスイッチが入る瞬間があるのです。その入り方で建築の表現やとらえ方が変わるのではないでしょうか。

私は人がスケール感やディテールに対する感覚を身につけることは、自転車の乗り方を覚えるようなものだと思っています。右足と左足をどう動かせば、自転車が倒れずに進んでくれるのか、それは論理的に説明しても意味はなくて、体で感覚的に会得するしかありません。ディテールも同じで、私自身もそうやって身につけたのだと思うのです。

図面をどう描くかについては、建築家それぞれに人の作品をたくさん見たり、スケッチを大量に描いてみたり、さまざまなディテールを見て学ぶといった、建築をつくることに根差した学び方があるかもしれません。でも人の感覚は、その人が育ってきた環境や見てきたもの、両親の影響によって培われていくものではないかと思います。

個人的な話で申し訳ないのですが、私の母は声楽家でありアーティストでした。なので、何が美しいかを自分なりに鋭く判断していて、小さなときに聞いたその言葉はいまでも耳に残ります。例えば、私がまだ幼いときだったと思いますが、街に出たとき、きれいなセルリアンブルーの服を消した金髪の白人女性がいたのです。母は私に「あの色の服はね、黒い髪ではなく、金髪の人が着るからとても素敵なの」とささやきました。そのとき幼心にふーん、なるほどなーと思ったのをいまでも思い出します。日常生活のなかでそういった母の言葉は、私の感覚形成にはとても影響しました。いま建築に携わるうえで自分自身のなかにある、設計でやってよいことと悪いことの判断の基準の根底には、この頃からの意識の積み重ねがあってつくり上げられたものがきっとあると思うのです。

そのルールは広い意味では建築を建てるところにまで至っています。仕事の依頼があっても、そこに建築をつくってよいのかどうかまで考えてしまうので、ここには建てない方がいいんじゃないかと言って仕事をなくしたこともありますし、敷地を代えてもらったこともあります。なかなか難しいことなのでしょうが、でも、その地域にとって建てようとしている建築がふさわしいかどうかを考える

セルリアンブルーのソファーにナラ柾＋金（真鍮金メッキ）の目地棒。松井邸（一九八二年）。

ことも、建策家にとっては大切なテーマだと思うのです。

戦後、日本の社会構造全体がずっと変わっていないように思います。貧しいけれど、頑張ろうという精神。それがずっと続いて現在に至っています。それゆえ狭小住宅や、ローコストでどう建てるかという部分が賛美されるのはよいとしても、ちゃんと暮らして、質の高い生活をすることは贅沢としか見なされない風潮があります。

設計を志す学生さんと話をしていて、何がよいものなのかを見る目をどん欲に養ってほしいと感じることがあります。そのためには、贅沢な暮らしをしてほしいというわけではありませんが、自分自身の生活にきちんと向き合うことが大切です。そうしないと、トイレの扉の前にご飯を食べる場所をつくってしまったり、ただ流行りごとを追いかけてしまったり、それがどういうことなのかがわからないまま、あまりにも貧しい感覚で設計をすることになってしまいます。建築の設計とは機能的なことはもちろん、人の気持ちをつくる仕事なのです。

私たちの建築・街・都市、……そして国

われわれ建築家が日常的に建築に関わっていることは、専門職として当然ですが、建築の専門家ではない普通の市民、八百屋さん、お肉屋さん、はたまた普通のサラリーマンであっても、誰もが日常的に建築と関わりを持っています。つまりそれはお店でありオフィスビルであり、また誰もが何らかの「家」というものに住んでいるわけで、これすなわち建築ですから……。また、旅行に行けば京都、奈良、あるいはパリ、ローマ、ニューヨークどこであれ、「○○観た？」と話は建築、そして都市の景観から始まるのではないでしょうか。ですから誰もが直接的に建築と関わっているのです。

「言われなくともよくわかっている！」とお思いの方も多いとは思いますが、しかしながら、はたして私たちは実際の生活のなかで、建築というものをどのくらい意識しているでしょうか？

残念ながら、自分たちの家のことはもちろん「街並み」、「都市」

のことについて、私たちは普段あまりに無関心なのではないでしょうか。

たとえ海外旅行にいったとしても、そのとき見ている外国の街並みや都市の事実と、いま自分の住んでいる場所の事実とを同じ事実としてリンクして考えようとはしないようです。

つまり、名所旧跡を巡りながら記念撮影をして、自分が写真に写っていさえすれば良い。そこに行ったことがあるという記録だけが残り、「ハイ、次の場所」。彼らにとって必要なことは証拠写真だけなのです。しかしながら良く考えてみれば、ローマにしろギリシャにしろ、パリにしろニューヨークにしろ、すべての都市は突然に天から降って湧いたわけではなくて、誰かがつくり、誰かによって維持されているのですから、その国民が意思をもってつくり、意思をもって維持している、いまこの瞬間にもその国民がその都市を支えているのです。

建築、特に住宅は生活の構造と密接な関係があります。このことから住居を一緒に考えてみたいと思います。私が言うライフスタイルとは、建築に現れる社会性のことだからです。

ここで少し、私が抱いている本質的な不審についても話さなければなりません。近代国家を目指した明治以来、日本が大正、昭和、平成、令和と歩んできたなかで、私たちの住居の何が進んだのでしょうか？　あるいは何かが豊かになったのでしょうか？

この問いに答えるためには、日本の近代住居の歴史を少し振り返ってみる必要があります。今世紀初頭、明治末期から大正期のモダニズム運動は産業を始め建築にも影響を与え、渋沢栄一の田園都市構想と共に良質な住宅供給を目指しました。これは一九〇二年、E・ハワードの提唱した「ガーデン・シティー」に明治の財界人が影響されたものと言われています。またその後の近代建築運動とともに世界的な規模で近代化が進みました。この頃日本のリーダーたちが構想し、また実際に計画しつくっていたものと、われわれが手本としてきた西欧のそれとはさして大きな時間差はありません。日本は西欧諸国ときわめて近い時期に同じようなことを世界規模で考えていたことになります。

しかし、大正モダンが過ぎ、われわれはやがて第二次世界大戦を経験することとなります。そして敗戦をむかえます。つまりゼロベースで、何もかもがやり直しとなったのです。ただし、問題はこの後です。問題は敗戦という事実でなく、その後の復興の仕方に誤りがあったのではないかということなのです。このことが日本の住環境にとっていちばん大きく重しとしてのしかかってくることになります。何もなくなってしまったところから立て直す、すなわち経済復興ですから、このことの追求は一概に間違いというわけではありません。しかしそれからの価値観が、すべてはモノを補充し、モノに集約され、モノの性能評価に置き換えられていくのです。モノを与えさえすれば事足りると思ったこと、与え方、つまり社会の仕組みを整備せずに、ただ闇雲につくり続けたことによって社会全体が歪んでしまったことが問題だったのではないか？と思えて来ます。

戦後八十年近く、世界的に見ても日本の経済優先の尖鋭的な姿は、ここＴＯＫＹＯに現れてすでに久しいですが、こと住居に焦点を当てて見ると（表面的には）他の建築ほど直接的に経済構造の歪みを現してはいないように見えます。しかしながら集合住宅、とくに「マンション」と呼ばれるものは、もはや資産価値としてのモノ的扱い以外のなにものでもなく人びとに扱われているのではないでしょうか。例えば、不動産広告一つ見ても、どこの場所にどのくらいの面積を持っているかということのみが、あたかもその住居の価値を決める判断基準になっているがごとく、その建築の持っている空間性、快適性、文化性などはまったく評価基準にのぼりません。また築何年と新築のみがもてはやされています。これがもはや売る側の常識になっていて、また買う側の常識にもなりつつあるのですが、これは、やはりおかしなことです。

いわゆる「戸建て住宅」と呼ばれる独立住居ですら、間取りのレベルに終始していて、つい最近まで、家族内の制度（暮らし方）まで踏み込んだり、外側の社会との接点に何ら建築として関わろうとはしてこなかった、否、個々の住宅はタコツボ的に閉じていて街並みを形成してこなかった、と言えるかも知れません。

「消費者のニーズに応える」などと謳い文句だけは一人前で、中身のない単純にデベロッパー（不動産屋）のリードする表面的な建築が多かったのではないでしょうか。つまり、破綻したバブル経済のときまで、表面的な形態操作に終始していたように思えます。そしてわれわれの前の世代によってつくられ、拡大していった経済原則にしたがった中身のない、モノと表現だけが拡散を続けて来たのです。

さて、戦後の私たちの住宅建築の移り変わりを見るとき、戦後すぐの十五坪の制限を除けば、進駐軍の住宅をはじめとして、戦後民主主義の勢いに乗った欧米式モダンリビングを目標にして進んできたように思えます。さらに遡れば、明治以来日本の近代住居は、本来手にするはずであった豊かなリビングスタイルすら手にすることなく、目の前を過ぎ去ってしまったことになります。

私は単体の建築のみならず、ときどきランドスケープに言及していますが、わが国の住宅地ランドスケープを貧しくしているのは、一つには近代都市とも思えない電線・電信柱でしょうが、もう一つはやはり、街並み形成のための共有意識です。しかし、ここにもわが国の制度矛盾があります。

戦後すぐ昭和二十五年に建築基準法ができましたが、建築単体ではなく、また都市計画道路や区画のことでもない、そのあいだをつなぐ街並みを整えるための規制の法律はありませんでした。その法

私たちの街並み・都市・国。

律をつくるべく奔走していた大高正人*曰く、当時法務省の役人はその立法化は個人の自由を妨げるとして、頑として聞かなかったと言います。それは、民主主義という制度がわからず、好き勝手にさせることをよしとしたわが国の政治の在り方や官僚機構の姿そのままに、常に、批判はあれども総括することなく過ごしてきたということかもしれません。

つまり、世界的なレベルで今の日本の経済活動から住宅環境を比較してみた場合、他の先進国に比較してわれわれ日本の住環境が圧倒的に貧しく、面積は狭く、レベルが低いということなのです。戦後八十年近く一体何をしてきたのでしょうか？　つまりは、何も追いついていない、何も変わっていないないのです。

さて、これらの不動産屋的なわが国の社会常識はどのようにしてつくられてきたのでしょうか？　その遠因には、日本の特殊な短期的な経済活動を生み出した、一九七〇年代に始まる例の列島改造（論）の政策があります。ここではその詳細は省きますが、当時、田中角栄は国民の所得を倍増させるために、土地の価格を政策的に

*―― 我が国の近代建築、特に戦後の歩みにおいて、代表的な建築家に前川國男と丹下健三を欠かすことはできない。丹下は代々木のオリンピックプールや東京カテドラル、新宿の東京都庁舎の設計でも有名だが、前川は近代建築のテーゼをまとめた世界的建築家ル・コルビュジエの弟子で上野の東京文化会館の設計で知られています。日本では最初の本格的音楽ホールとして有名だが、この有名なホールを前川事務所のスタッフとして担当したのが大高正人なのです。大高は独立後、建築の設計ばかりでなく、日本の都市計画上のドンとして名高かったので、この文中のエピソードを知るまでは、日本の街・都市景観を壊滅させた悪いやつと思っていたほどです。

高騰させました。わが国の世界を見渡しても先鋭的な経済構造を不可逆的に構築してしまったと言えます。

この列島改造論で構築された「土地本位制」の何がまずいのかもう少し話を続けましょう。

社会に何を残すかという国づくりは、個人または民間人だけでは到底できるものではありません。国の「制度」に何をつくり、何を残すかの「意志」が必要なのです。

さてそういったなか、「富裕層増税」が気になります。お金持ちから税金を取って景気が良くなるのであれば結構なことではないかと思いがちです。しかし、建築・環境に携わる人間としては不審があります。

私が税金のことにひと言申し上げたいのは、税制こそが建築を生み出す真因になっていると思うからです。建築に直接関係する税は固定資産税、不動産所得税、都市計画税など多数存在しますが、「住宅建築」の生産過程においては相続税が重要なキーを持っています。

家長が死ぬとその財産が分割される。そのとき、特に日本の巨大都市部に従来から住んでいる人びとにとっては、地価に比例する相続税は尋常ではない額になります。その税金を支払うに足る現金を持っている人はまずいない。ですから、ここで何が起きるかと言えば、住んでいた土地を分割して現金に替えて納税するということになります。もちろんその土地に建っていた建物も解体されます。ここで「富の分配になるのだから何が悪い」という社会主義的な声が聞こえてきそうですが、土地を細分化することが本当の富の分配になるのでしょうか？

建築の持つ美しさ、街並み、豊かな景観が失われることが本当に富の分配になるのでしょうか？　従来からそこに住んでいる人が、家長が死んでしまったがゆえに、そこに住み続けられなくなる。その要因に財産分与のための土地の分割・現金化がある。それはおかしくないでしょうか？　その人が金を儲けたのならともかく、普通の生活を続けたい気持ちに何ら変化はなく、むしろ家長の死によって収入が途絶えてしまう例もあるのに……。

私が言いたいのは、土地を分割し、現金化したときに（売り買いが発生したとき、利益を得たとき）税金をかけるべきであって、土地そのものを継承するときには税をかけるべきではないということなのです。社会資本であるはずの土地の細分化は、本来の土地の可能性（ポテンシャル）を奪うばかりでなく、優れた建築を破壊し、街並みの景観を崩れさせることになります。つまり政策的に土地の価格を高騰させて「土地本位制度」をつくったなら、その結果の社会（景観・文化）破壊をさせない税制度を同時につくってゆく必要があったのではないでしょうか。

　ある建築家の指摘があります……。欧米では必須の建築の自律性をめぐる議論が日本でなされないのに二つの理由があると言います。一つは日本の町は資本の論理でつくられ、建築の論理が入る隙間がない。二つ目は日本の建築は永遠性を求めていない、と。数十年で壊すつもりの建築はその時代時代の他律的なニーズが建築の論理を上回るからだ、と。……寂しいながら事実を表わす指摘です。

　私たち建築家の仕事は、つくらせる側がいてはじめて仕事となります。つくらせる側の動機はさまざまですが、いま現在の日本の制度では、必ずしも本当につくらせたいと思って建てるものばかりではないように思います。

でき上がった建築の良し悪し以前に、むしろ多くはつくらせる側に、つくらざるを得ない要因がある。建築を経済の歯車の一部として活用しようとする、最近のことで言えば都市再生特別措置法などのうまくできた社会構造があるのです。さきほど述べた不審とはこのことです。

ではどのようにすれば日本の住環境が良くなるのでしょうか？もはや、すでにその答えは述べてきたようにも思えますが、要するに国のつくってきた制度に対して、そろそろおかしいことをおかしいと発言することなのです。

①自分の住んでいる「街」を「自分の街」として意識すること。

②外国にできてなぜ日本でできないのか？と疑問を持つこと。

③土地に対する相続税制を見直すこと。

④モノではなく環境を欲すること。

⑤環境は価値を共有しないとつくれない、維持できない、と知ること。

そして、「おかしい」としても、すべては構造的なことなのですから、自分もその構造に参加している（自分がつくっている）のだと知ることだと思うのです。

さて、「美しい住宅へ」と題して考えてきましたが、結局、この国の制度の話になってしまいました。美しい建築、美しい住宅は私たち自身のあり方に比例するのです。

それぞれ固有の文化を持つ諸外国、特に西欧で、近代都市国家を形成していながら、その文化が継承されていく姿を私たちは数多く見ることができます。翻ってわが国はなぜ固有の文化、都市景観を継承できないのでしょうか？　税制を設計構築する政治家の先生たちは、国づくりを生業としているのであれば、短期的な税収の増加によって景気の底上げを図るだけでなく、「この国がどうなっていくのか」、しかも目に見えるこの街、都市、国をどのようにつくるのか？という視点を持つことこそが役割ではないかと思うのです。

小住宅5題

+住宅作品リスト

住宅という建築

住宅の設計とは特別な建築行為なのでしょうか？

建築の設計は、コンテクストの読み取りとプログラムの生成によってでき上がると言われています。建築家にとっては住宅が特別なものでなく、住宅であろうとなんであろうと「建築」を問うのであって、建築の生成以上（以外）の、生活の成り立ちのような範疇と混同すべきでない……と考える人もいます。一方で、「良い住宅が設計できれば他のどんな設計も怖くない」と諭していた吉村順三*先生のように、住宅を特別な建築として位置づけた建築家もいます。

その他にも、建築を構成する技術的な側面、つまり新しい構造や設備、省エネやサスティナブルな技術、いままでになかった素材の建材化など、あらゆる可能性を問うことが建築を設計する使命と考えたり、平等な社会を構成する社会システムに貢献することなどが新たな建築が生まれる意味であると考えたり……建築家が建築を設計する意味を考えるとき、このようにいろいろな捉え方があるみた

*―― 吉村順三はライトの系譜（A・レーモンドの弟子）を引く偉い先生です。しかし、その弟子である宮脇檀さんなんかは「順ちゃま」と言って親しみをもって語っていたので優しい人だったのかもしれません。私は直接師事したことはありませんが、いろいろな場面で影響を受けました。先生の住宅には小さな住宅でも光るものがあり、ジワっと

いなのです。

　やれやれ……しかしこうも思うのです。住宅という建築だけが人が生きるためのあらゆる場面を支えているのだ、と。

　朝起きて顔を洗ったり歯を磨く。料理をつくったり食事をする。食器その他の洗い物や洗濯もする。ＴＶを見たり、ときには仕事もする。風呂に入ったりＳＥＸもする……。短期的には、こうした人びとの営みはホテルのような建築でも行われるけれど、同じ場所で何年にもわたり繰り返し同じことをしたり、それでいて変化したりするのです。……こんな建築は他にないのですから、やはり住宅とは特別な建築と言って良いのでしょう。


気づかされることが多くあります。大きなものでは、八ヶ岳の音楽堂（長野県）をご存じの方も多いのではないでしょうか。

死に地を蘇らせた都市住宅

稲田邸（洗足の家）

東京都｜1988年

洗足の住宅地は田園調布と並ぶ歴史ある古くからの高級住宅地と聞く……このクライアントも先代から受け継いで長く住み続けているのですが、昔は大きな敷地も時代と共に切り売りしていった結果が路地状部分が20メートルはあろうかという旗竿敷地でした。……いわゆる「死に地」と呼ばれる建築基準法上建物を建設してはならない土地というわけです。とはいえ以前の建物は老朽化した木造で建て替えざるを得ない状況。また建築基準法の制定される前からこの地に住んでいるということなどを理由に、時間をかけて役所を説得していったという経緯があります……。さて、お役所からは別途いろいろな制限が加えられました。例えば避難経路として隣地を通らせていただくよう念書を取れとか、延焼の恐れがあるから耐火建築にせよ……などです。

このことでＲＣコンクリート造にせざるを得なかったのですが、これはかえって良かったのかもしれません。20メートルを超える旗竿敷地を想像していただきたい、敷地にたどり着くのに幅2メートルない細い路地では大型の重機が入っていけないので、運ぶのも人力です。木造も鉄骨造も不可である（建て方ができない）。しかし、コンクリート造というのは鉄筋は少量ずつなら人が運べるし、型枠も運べる。またコンクリートというものは長い距離でも生コンをホースで圧送できるからＲＣは可能になるというわけです。

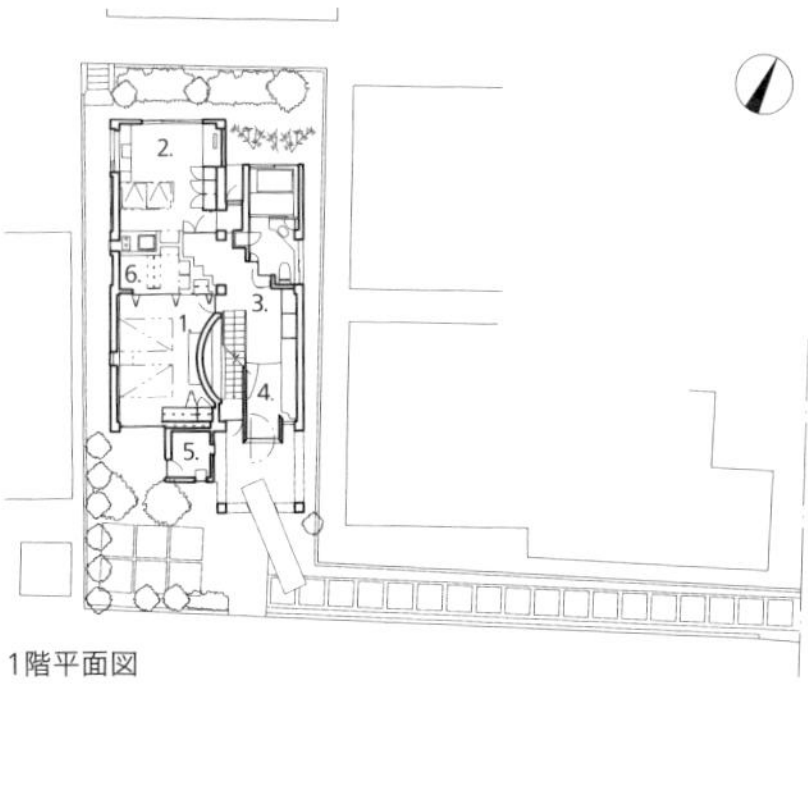

1階平面図

1. 洋室1
2. 洋室2
3. 玄関ホール
4. ポーチ
5. 収納
6. クローゼット

用途　住宅(夫婦)
構造　鉄筋コンクリート造
階数　地下1階+地上2階
敷地面積　211.99m^2
建築面積　94.74m^2
敷地面積　196.95m^2
構造設計　佐々木睦朗
施工者　三井ホーム·藤木工務店
掲載誌　新建築住宅特集1989年2月号ほか

環境共生を考えた木造住宅

保坂邸（市が尾・のぼり坂の家）

神奈川県｜1993年

横浜市・市ヶ尾の新興住宅地の坂を上り詰めた丘の上に建つ木造二階屋です。

高気密・高断熱が良いともてはやされていたときのことです。高気密が住宅にとって必ずしも良いとは思いませんが、外壁と内壁の間に空気層を設けて、屋根の最上部から暖気が抜けていく、断熱性能や住宅の心地よい熱環境にこだわった建築でした。

担当だった宿本くん（武蔵工大・広瀬鎌二研究室出身）のこだわりで、当時の新婚クライアントも設計依頼時にはまだ子どもが生まれる前に始めた設計でしたが、この建築が晴れて竣工引き渡しのときには子どもが幼稚園に入ろうかという始末……笑い話的に長く時間がかかった建築でした。

この木造の特徴的なところをいくつか挙げると……、

1. 二層に吹き抜けた室内には四隅の火打ち梁がありません。……建物全体の屋根をトラス状に固めて剛性を高めてあるからです。
2. 吹き抜けに面して四方から梁を受けている中心の柱は「四方差し」と言って金物を使わず、柱と梁の仕口を手作業による加工のみで組まれたものでした。

設備では……、

3. 冬季の暖房時には吹き抜け上部に溜まった暖気を吸い込み、ソファー足元に戻す仕掛けを持っていました。

仕上げやディテールで言えば……、

4．玄関の沓脱ぎ式台はテラゾー（大理石のチップを入れた白セメント）の人研ぎの手仕事（47ページ参照）。

5．玄関ホールに面した風呂場のガラスは上吊りの全面ガラス戸になっていて、夏場には開放して風を通すことができます。

用途　住宅（夫婦＋子供1人）
構造　木造
階数　地上2階
敷地面積　206.66m^2
建築面積　77.76m^2
敷地面積　120.96m^2
施工者　岡建工事
掲載誌
　新建築住宅特集1994年1月号ほか

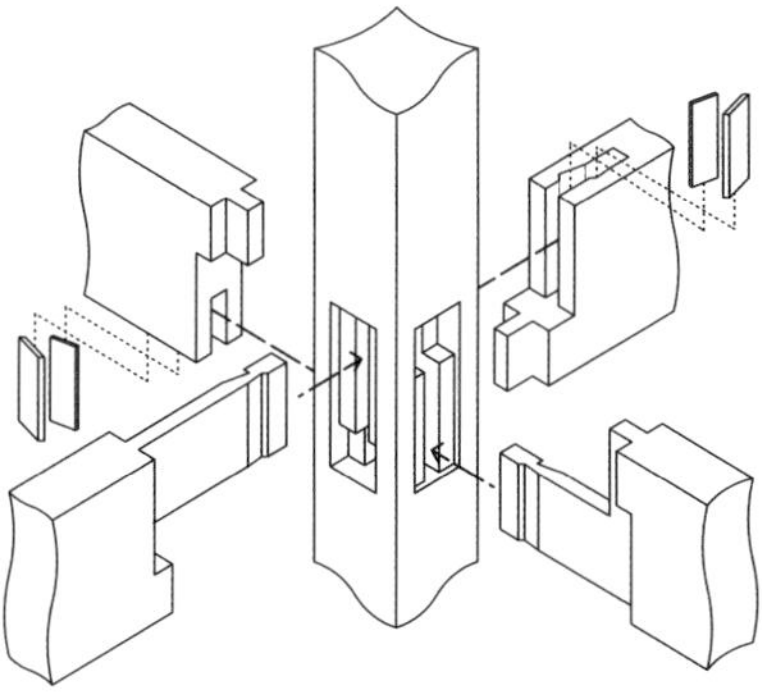

四方差し仕口

玄関のない家

長井邸（余白の家）

神奈川県―1996年

「この建築は〇〇です」……と一言で表現することがある。回りくどく建物の成り立ちを説明したところで、その1／10も理解してもらえるものでもないからです。その言い方で言うと、「この住宅は玄関がない……」という不思議な住宅でした。

当時この仕事と前後して、二列の箱を縦列させて並んだパラレル住居というシリーズの住宅を設計していました。縦列して並べた間に挟まれたのは小さな庭（緑地）であったり、デッキテラスであったのです。当然ふたつの箱をつなぐ渡り廊下的なジャンクションを設けて玄関とすることが多かったのですが、この住宅・長井邸ではそれもつけずに、挟まれた間にはデッキテラスだけを残しました（テラスの上にはパーゴラが連続し、一部屋根ガラスを載せてあるので雨の日でも箱同士の行き来は問題なくできるのです……）。

もっと言えば、対面した箱が向かい合っている面には、連続したガラスのテラス戸が付いているので、どこからでも行き来できる家なのです。

この計画のクライアントの長井さんは半ズボンで現れて、手にはいっぱいのムール貝（当時日本ではバカ貝と呼んでいた）を抱えて、これを私たちに蒸して食べさせるというような人でした。自然児のようなこのクライアントだからこの案に至ったのかと思う……しかし、何を隠そう、彼はイタリアワインに関しては有名な大家だったのです。

用途　住宅（夫婦＋子供2人）
構造　鉄筋コンクリート造
階数　地上2階
敷地面積　165.00m^2
建築面積　75.73m^2
敷地面積　93.08m^2
構造設計　古久根建設
施工者　古久根建設
掲載誌　新建築住宅特集1996年8月号ほか

1. 主室
2. 個室1
3. 個室2

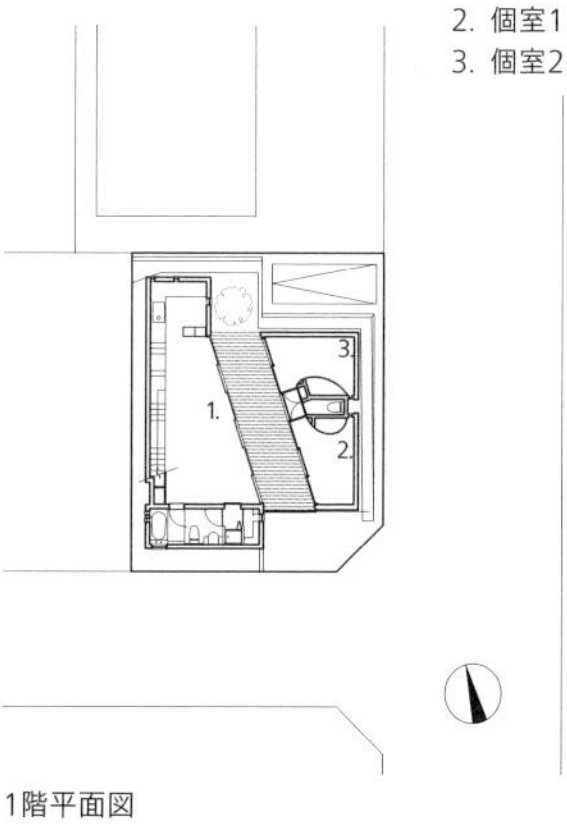

1階平面図

伊豆の崖地に建つ海に開いた住宅

壇上邸（伊豆のキャンバス住居）

静岡県―1999年

この建築をキャンバス住居と名づけたのは別にキャンバス地を使った建物だからというわけではありません。白地のキャンバスに自由な絵を描いていけるような、おおらかな家という意味だったのです。南に開いた崖地、青い空に白い雲、遠望すれば海が見える敷地でした。

たいへん気持ちの良い敷地ではありますが、崖地なので建築できる範囲はそれほど広くはありません。荷重をかけられるところが少ないので、普通の構造計画では建築可能範囲が狭いということなのです。そこで最初に相談していた古くからの構造家を止め、初めての構造家（梅沢良三氏）とのコラボレーションの道を選びました。

何より自由な発想が嬉しかったのです。コンクリートの巨大な壁を一枚、山側・道路に並行に立てる。この壁を頼りに水平の床を（キーストンプレートをサンドイッチしたスティールパネルで）構成して海側へ張り出す。鉛直力を負担した柱が数本あるものの、海側は壁で遮ることもなく、室内からはガラスで開放されたというわけなのです。ついでながら……折角の眺望だからお風呂も楽しくしようと、二人が同時に入れる浴槽を考えたり、その他、家具化されたキッチン、風呂、屋上、玄関や郵便受けを含めて、すべて手づくりでした。

用途　住宅
構造　鉄筋コンクリート造＋鉄骨造
階数　地上2階
敷地面積　251.04m^2
建築面積　99.88m^2
敷地面積　136.71m^2
構造設計　梅沢良三
施工者　大同工業
掲載誌　新建築住宅特集1999年10月号ほか

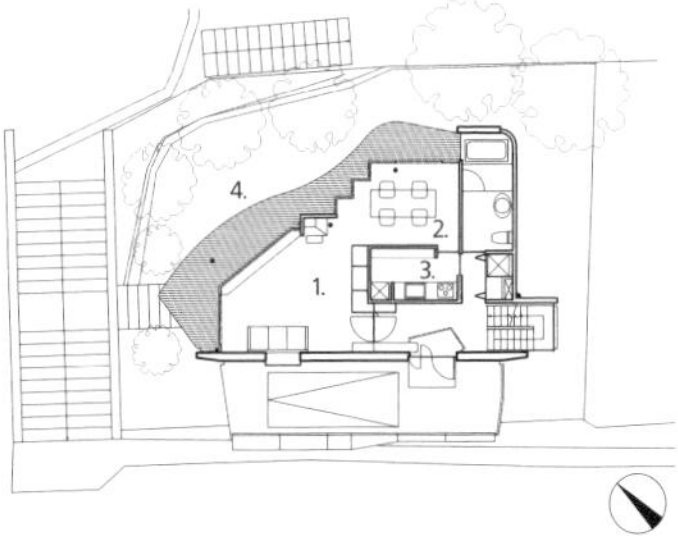

配置図兼1階平面図

1. リビング　3. キッチン
2. ダイニング　4. デッキ

閉じたり開いたりできる可変な住宅

中出邸（深沢のN邸）

東京都｜2002年

たしか雑誌・ブルータスの特集記事からの依頼だったと思います。ご夫婦揃って独立心の強い方でした。だからと言ってとても特殊な解というわけではないのだけれど……（やはり特殊か?）。否、住宅に限らず、建築は常に特殊解なのでしょう。誰にでもうまく合う（?）プレハブじゃないのですから……。

敷地は深沢のバス通りから一本入った、前面道路は狭いが敷地内に柿の木を抱いた悪くない土地でした。

この建築の発表時にも「緑を起点とすべし」と書いて説明しています。つまり唯一の拠り所として南に開くことができたからですが、しかしこの建築の特徴は、空間のつながりがA・ロースのラウムプランのように、要は空間の連続（つながり）が知恵の輪のように次々と連鎖しては閉じたりつながったりすることです。そもそも玄関から内部に入ると、そこは階段室と言おうかホールと言うべきか、三層に吹き抜けた大きな空間なのです。空間の連続を言葉だけで説明するのも無理がありますが、このホールは寝室とも浴室ともアトリエのような書斎とも面しているし、二階ではリビング・ダイニングに開くこともできる……という大きな黒い壁のような建具（特殊な引き戸）によって住人の生活場面が変化・制御されるというものでした。

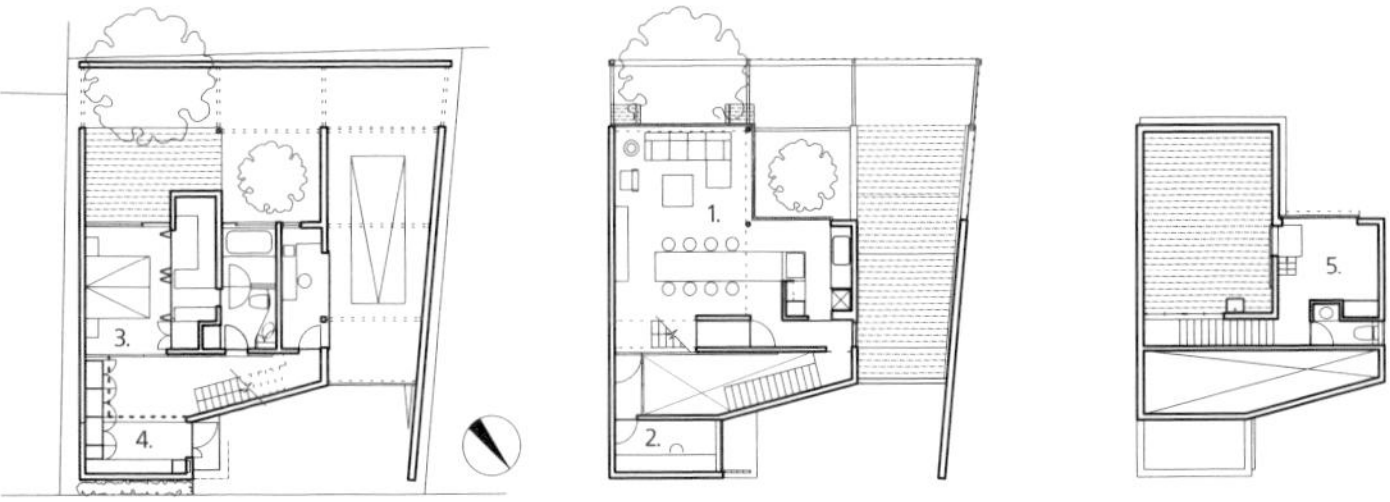

1階、2階、3階平面図

1. 主室
2. 書斎
3. 主寝室
4. 玄関
5. 予備室

用途　住宅（夫婦）
構造　鉄骨造
階数　地上3階
敷地面積　176.31m^2
建築面積　66.40m^2
敷地面積　129.32m^2
構造設計　梅沢良三
施工者　岡建工事
掲載誌　新建築住宅特集2003年7月号ほか

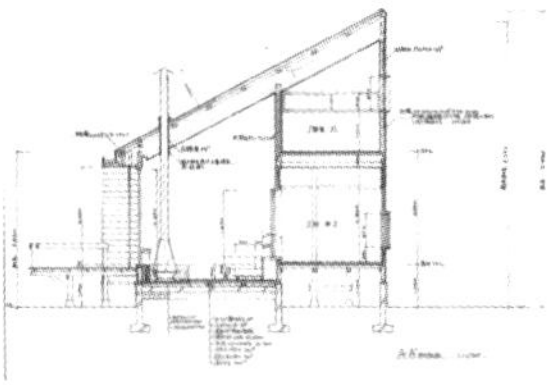

「冨尾別邸」(1977／山梨県)

構造規模　木造／地上2階
敷地面積　495.89m^2
建築面積　55.89m^2
延床面積　82.62m^2

「自邸(トンネル住居)」(1978／東京都)

→ p. 016-17, 035-39, 060-61

構造規模　鉄筋コンクリート造／地上2階
敷地面積　348.45m^2
建築面積　97.50m^2
延床面積　165.60m^2
構造設計　SEC建築構造設計
施工者　中野組
掲載誌　新建築1979年5月号ほか

「高橋邸(逗子の家)」(1979／神奈川県)

構造規模　鉄筋コンクリート＋木造／地上2階
敷地面積　272.46m^2
建築面積　123.12m^2
延床面積　153.50m^2
構造設計　SEC建築構造設計
施工者　たくみ建築
掲載誌　都市住宅1981年1月号

「松平・荒川別邸(軽井沢のtwin villa)」(1980／長野県)

構造規模　木造／地上2階
敷地面積　1037.00m^2
建築面積　79.50m^2＋69.20m^2
延床面積　102.91m^2＋81.15m^2
施工者　田中工務店
掲載誌　JAPAN INTERIOR DESIGN No.265 (April, 1981)

「MEFUの家」(1981／兵庫県)

構造規模　木造／地上2階
敷地面積　431.82m^2
建築面積　110.13m^2
延床面積　156.76m^2
施工者　笠谷工務店
掲載誌　住宅建築1982年4月号ほか

「樽井邸(スケッチ・オブ・テリトリー)」(1983／東京都)

構造規模　鉄筋コンクリート造／地上2階
敷地面積　201.83m^2
建築面積　67.50m^2
延床面積　114.26m^2
構造設計　佐々木睦朗
施工者　たくみ建築
担当　古川伸一
掲載誌　新建築1983年12月号

「宮崎邸(DENのある家)」(1985／東京都)

構造規模　鉄筋コンクリート造／地下1階＋地上3階
敷地面積　73.93m^2
建築面積　42.94m^2
延床面積　116.39m^2
構造設計　佐々木睦朗
施工者　たくみ建築
担当　染谷正弘
掲載誌　新建築住宅特集1985年11月号

「稲田邸(洗足の家)」(1988／東京都) → p. 041-43, 202-03

構造規模　鉄筋コンクリート造／地下1階＋地上2階
敷地面積　211.99m^2
建築面積　94.74m^2
延床面積　196.95m^2
構造設計　佐々木睦朗
施工者　三井ホーム・藤木工務店
担当　辰野智子
掲載誌　新建築住宅特集1989年2月号ほか

「清水邸（COSMOS）」（1989／東京都）

構造規模　鉄筋コンクリート造＋鉄骨造／地下1階＋地上4階
敷地面積　81.14m^2
建築面積　48.25m^2
延床面積　169.58m^2
構造設計　佐々木睦朗
施工者　宗建築
担当　岡村雅弘
掲載誌　新建築住宅特集1990年3月号ほか

「小野邸（イエスタヤーズ・ホール）」（1990／神奈川県）

構造規模　鉄筋コンクリート造＋鉄骨造／地下1階＋地上2階
敷地面積　289.66m^2
建築面積　194.83m^2
延床面積　378.18m^2
構造設計　佐々木睦朗
施工者　高木建設
担当　中嶋健吉
掲載誌　SD1991年4月号

「箱根VILLA」（1990／神奈川県）

構造　木造
階数　地上2階
敷地面積　1760.51m^2
建築面積　132.00m^2
延床面積　195.25m^2
施工者　中野組・箱根建設
担当　久世恵理・井手孝太郎
掲載誌　SD1991年4月号

「関根邸（DECO）」（1991／東京都）

構造規模　鉄筋コンクリート造＋鉄骨造／地下1階＋地上4階
敷地面積　80.39m^2
建築面積　61.02m^2
延床面積　230.35m^2
構造設計　佐々木睦朗
施工者　岡建工事
担当　大藪元宏
掲載誌　SD1991年4月号

「保坂邸(市が尾・のぼり坂の家)」(1993/神奈川県)→ p. 047, 204-05

構造規模　木造/地上2階
敷地面積　206.66m^2
建築面積　77.76m^2
延床面積　120.96m^2
施工者　岡建工事
担当　宿本和則
掲載誌　新建築住宅特集1994年1月号ほか

「近藤別邸(軽井沢の住まい)」(1994/長野県)

構造規模　木造/地上2階
敷地面積　1686.71m^2
建築面積　115.03m^2
延床面積　159.10m^2
施工者　第一建設
担当　谷村悌
掲載誌　新建築住宅特集1994年12月号

「K2フラット」(1995/東京都)

構造規模　鉄骨鉄筋コンクリート造/地上8階
敷地面積　546.12m^2
建築面積　277.25m^2
延床面積　1,646.89m^2
構造設計　佐々木睦朗
施工者　清水建設
担当　町永佳子
掲載誌　新建築住宅特集1995年8月号

「J邸」(1996/東京都)→ p. 025-27, 043-45

構造規模　鉄筋コンクリート造+鉄骨造/地下1階+地上2階
敷地面積　264.01m^2
建築面積　106.24m^2
延床面積　217.40m^2
構造設計　佐々木睦朗
施工者　岡建工事
担当　國枝東史生
掲載誌　新建築住宅特集1996年12月号ほか

「長井邸（余白の家）」（1996／神奈川県）→ p. 206-07

構造規模　鉄筋コンクリート造／地上2階
敷地面積　165.00m^2
建築面積　75.73m^2
延床面積　93.08m^2
構造設計　古久根建設
施工者　古久根建設
担当　若原一貴
掲載誌　新建築住宅特集1996年8月号ほか

「阿部邸（パラレル住居II）」（1998／東京都）

構造規模　鉄筋コンクリート造＋鉄骨造／地下1階＋地上1階
敷地面積　267.04m^2
建築面積　126.60m^2
延床面積　161.69m^2
構造設計　今川憲英
施工者　葛工務店
担当　町永佳子
掲載誌　新建築住宅特集1998年3月号

「代々木の杜パークマンション」（1998／東京都）

構造規模　鉄筋コンクリート造／地下2階＋地上4階
敷地面積　1,458.07m^2
建築面積　857.37m^2
延床面積　3,472.08m^2
構造設計　今川憲英
施工者　三井建設
担当　國枝東史生
掲載誌　新建築住宅特集1998年8月号

「平成ドミノ・境1998」（1998／大阪府）

構造　鉄骨鉄筋コンクリート造＋鉄筋コンクリート造
規模　地下1階＋地上10階
敷地面積　542.51m^2
建築面積　376.18m^2
延床面積　2,963.05m^2
構造設計　佐々木睦朗
施工者　森本組
担当　山田慎一郎／掲載誌　新建築1998年4月号

「壇上邸（伊豆のキャンバス住居）」（1999／静岡県）→ p. 208-09

構造規模　鉄筋コンクリート造＋鉄骨造／地上2階
敷地面積　251.04m^2
建築面積　99.88m^2
延床面積　136.71m^2
構造設計　梅沢良三
施工者　大同工業
担当　野澤良太
掲載誌　新建築住宅特集1999年10月号ほか

「オークヒルズ計画（パラレル住居）」（1999／福岡県）

構造規模　木造／地上2階
敷地面積　230.80/231.22m^2
建築面積　79.20/87.20m^2
延床面積　103.60/118.80m^2
構造設計　播繁
施工者　只松建設
担当　恩田聡
掲載誌　住宅建築1999年7月号

「岸本邸（グラスボックス）」（2000／兵庫県）

構造規模　鉄筋コンクリート造／地下1階＋地上2階
敷地面積　295.24m^2
建築面積　145.56m^2
延床面積　228.98m^2
構造設計　今川憲英
施工者　まこと建設
担当　西野奈美（旧姓・小松）
掲載誌　新建築住宅特集2001年6月号ほか

「Seijo 6」（2000／東京都）

構造規模　鉄筋コンクリート造／地下1階＋地上2階
敷地面積　723.42m^2
建築面積　289.26m^2
延床面積　637.00m^2
構造設計　佐々木睦朗
施工者　奥村組
担当　宿本和則
掲載誌　新建築2000年9月号

「藤本邸（F-1ガレージ）」（2001／東京都） → p. 128-33

構造規模　鉄筋コンクリート造＋木造／地下1階＋地上2階
敷地面積　102.48m^2
建築面積　51.04m^2
延床面積　122.77m^2
構造設計　梅沢良三
施工者　岡建工事
担当　野澤良太
掲載誌　新建築住宅特集2002年6月号ほか

「森邸（M邸）」（2001／東京都）

構造規模　鉄骨造／地下1階＋地上2階
敷地面積　115.09m^2
建築面積　67.56m^2
延床面積　145.53m^2
構造設計　梅沢良三
施工者　岡建工事
担当　國枝東史生
掲載誌　新建築住宅特集2002年8月号ほか

「杉山・小川邸（S.O.H.）」（2002／東京都）

構造規模　鉄筋コンクリート造＋木造／地下1階＋地上2階
敷地面積　167.32m^2
建築面積　79.58m^2
延床面積　238.63m^2
構造設計　梅沢良三
施工者　勝村建設
担当　山田慎一郎
掲載誌　新建築住宅特集2003年7月号

「中出邸（深沢のN邸）」（2002／東京都） → p. 210-11

構造規模　鉄骨造／地上3階
敷地面積　176.31m^2
建築面積　66.40m^2
延床面積　129.32m^2
構造設計　梅沢良三
施工者　岡建工事
担当　木内俊彦
掲載誌　新建築住宅特集2003年7月号ほか

「中村別邸（オーベルジュのための「小さな家」）」（2002／長野県）

構造規模　木造／地上1階
敷地面積　2052.12m^2
建築面積　77.79m^2
延床面積　61.20m^2
施工者　第一建設
担当　西野奈美（旧姓・小松）
掲載誌　建築文化2002年10月号

「安西別邸（赤堤の家）」（2002／東京都）

構造規模　鉄骨造＋鉄筋コンクリート造／地下1階＋地上1階
敷地面積　611.87m^2
建築面積　45.38m^2
延床面積　83.94m^2
構造設計　梅沢良三
施工者　宗建築
担当　西野奈美（旧姓・小松）
掲載誌　新建築住宅特集2002年12月号ほか

「佐藤邸（栗林の家）」（2003／東京都）

構造規模　鉄筋コンクリート造＋鉄骨造＋木造／地下1階＋地上2階
敷地面積　201.33m^2
建築面積　40.13m^2
延床面積　97.00m^2
構造設計　梅沢良三
施工者　井端建築
担当　野澤良太
掲載誌　新建築住宅特集2003年12月号ほか

「陣内邸（都筑の家）」（2003／神奈川県）

構造規模　木造／地上2階
敷地面積　166.04m^2
建築面積　82.81m^2
延床面積　132.49m^2
施工者　ハウゼ
担当　山田慎一郎

「押田別邸（MONA HOUSE）」（2003／神奈川県）

構造規模　鉄筋コンクリート造＋鉄骨造／地上3階
敷地面積　330.10m^2
建築面積　72.80m^2
延床面積　111.39m^2
構造設計　梅沢良三
施工者　佐藤工務店
担当　西野奈美（旧姓・小松）
掲載誌　JCB THE GOLD 2004年11月号ほか

「N3ユニテ」（2003／東京都）

構造規模　鉄筋コンクリート造／地下1階＋地上12階
敷地面積　478.79m^2
建築面積　254.71m^2
延床面積　2,373.31m^2
構造設計　金田勝徳
施工者　清水建設
担当　恩田聡
掲載誌　新建築2003年5月号

「小林邸（駒沢の家）」（2004／東京都）

構造規模　鉄筋コンクリート造／地下1階＋地上2階
敷地面積　622.23m^2
建築面積　235.39m^2
延床面積　415.11m^2
構造設計　梅沢良三
施工者　岡建工事
担当　三矢雅人
掲載誌　新建築住宅特集2005年1月号ほか

「佐野別邸（蓼科の週末住居）」（2004／長野県）→ p. 067

構造規模　鉄筋コンクリート造＋木造＋鉄骨造／地上2階
敷地面積　2024.00m^2
建築面積　99.07m^2
延床面積　116.35m^2
構造設計　梅沢良三
施工者　第一建設
担当　中川幾美子
掲載誌　新建築住宅特集2004年12月号ほか

「**土合邸**（COSMOS#2）」（2005／東京都）

構造規模　鉄筋コンクリート造＋鉄骨造＋木造／地上3階
敷地面積　178.06m^2
建築面積　90.09m^2
延床面積　177.04m^2
構造設計　梅沢良三
施工者　雄人
担当　野澤良太
掲載誌　新建築2005年12月号

「**小方邸**（鎌倉山の家）」（2005／神奈川県）

構造規模　木造＋鉄骨造／地上2階
敷地面積　249.20m^2
建築面積　95.51m^2
延床面積　147.13m^2
施工者　田中土建工業
担当　野澤良太

「**安西邸**（上野毛の家）」（2005／東京都）

構造規模　鉄筋コンクリート造／地下1階＋地上2階
敷地面積　86.03m^2
建築面積　50.00m^2
延床面積　133.10m^2
構造設計　梅沢良三
施工者　雄人
担当　國枝東史生
掲載誌　新建築住宅特集2005年8月号

「**下嶋邸**（峰竜太邸）」（2006／東京都）

構造規模　鉄筋コンクリート造＋鉄骨造／地上3階
敷地面積　426.18m^2
建築面積　255.59m^2
延床面積　613.26m^2
構造設計　梅沢良三
施工者　岡建工事
担当　國枝東史生

「三宅邸」(2006／東京都)

構造規模　鉄筋コンクリート造＋鉄骨造／地上4階
敷地面積　115.72m^2
建築面積　81.03m^2
延床面積　259.96m^2
構造設計　梅沢良三
施工者　ダイケンホーム
担当　山田慎一郎

「柴田邸(東京下町・回遊住宅)」(2006／東京都) → p. 021-23

構造規模　鉄骨造＋木造／地上2階
敷地面積　309.53m^2
建築面積　133.87m^2
延床面積　180.24m^2
構造設計　梅沢良三
施工者　岡建工事
担当　高野洋平
掲載誌　新建築住宅特集2006年10月号ほか

「番場邸(軽井沢のBB HOUSE)」(2006／長野県)

構造規模　木造／地上2階
敷地面積　516.41m^2
建築面積　83.97m^2
延床面積　128.90m^2
施工者　第一建設
担当　高野洋平
掲載誌　新建築住宅特集2009年1月号ほか

「平野邸(八丁堀・櫻庵)」(2007／東京都) → p. 110

構造規模　鉄骨造／地上3階
敷地面積　40.98m^2
建築面積　32.76m^2
延床面積　108.25m^2
構造設計　梅沢良三
施工者　大門建設
担当　山田慎一郎
掲載誌　新建築住宅特集2007年12月号ほか

「田園調布Bプロジェクト」（2007／**東京都**）

構造規模　鉄骨造／地上2階
敷地面積　94.92m^2
建築面積　47.02m^2
延床面積　92.48m^2
構造設計　梅沢良三
施工者　日東工営
担当　宿本和則

「黒川紀章別邸」（2007）→ p. 134-39

構造規模　鉄筋コンクリート造＋鉄骨造／地下1階＋地上2階
敷地面積　1028.35m^2
建築面積　472.81m^2
延床面積　610.09m^2
構造設計　梅沢良三
施工者　——
担当　永尾達也

「八ヶ岳のJ邸」（2007／**長野県**）

構造規模　木造＋鉄骨造＋鉄筋コンクリート造／地下1階＋地上2階
敷地面積　2981.04m^2
建築面積　134.59m^2
延床面積　196.24m^2
構造設計　梅沢良三
施工者　第一建設
担当　江越ひろみ
掲載誌　新建築住宅特集2007年10月号ほか

「鈴木別邸（Fuji View House）**」**（2007／**山梨県**）

構造規模　鉄筋コンクリート造＋鉄骨造＋木造／地下1階＋地上2階
敷地面積　819.26m^2
建築面積　149.05m^2
延床面積　310.73m^2
構造設計　梅沢良三
施工者　富士急建設
担当　入沢直美
掲載誌　新建築住宅特集2008年4月号ほか

「**木原邸**」(2008／東京都)

構造規模　鉄筋コンクリート造＋鉄骨造／地下1階＋地上3階
敷地面積　333.56m^2
建築面積　191.69m^2
延床面積　585.67m^2
構造設計　梅沢良三
施工者　岡建工事
担当　永尾達也

「**籏別邸**(H別邸)」(2008／長野県) → p. 065

構造規模　木造＋鉄骨造／地上2階
敷地面積　1427.77m^2
建築面積　143.48m^2
延床面積　154.19m^2
構造設計　梅沢良三
施工者　第一建設
担当　三矢雅人

「**田園調布TT**」(2008／東京都)

構造規模　鉄筋コンクリート造／地下1階＋地上2階
敷地面積　750.86m^2＋597.92m^2
建築面積　375.17m^2＋287.00m^2
延床面積　695.00m^2＋406.00m^2
構造設計　梅沢良三
施工者　北野建設
担当　國枝東史生
掲載誌　新建築2009年2月号

「**伊藤邸**(Kanta's Jungle)」(2009／愛知県)

構造規模　鉄骨造／地上2階
敷地面積　176.53m^2
建築面積　101.90m^2
延床面積　161.70m^2
構造設計　梅沢良三
施工者　加納工務店
担当　高野洋平
掲載誌　新建築住宅特集2009年7月号

「佐々木別邸」(2009／長野県)

構造規模　鉄骨造／地上2階
敷地面積　911.30m^2
建築面積　85.87m^2
延床面積　123.08m^2
構造設計　梅沢良三
施工者　小澤建築工房
担当　山田慎一郎

「笠原別邸」(2009／長野県)

構造規模　鉄骨造＋鉄筋コンクリート造／地下1階＋地上1階
敷地面積　2975.12m^2
建築面積　129.80m^2
延床面積　193.45m^2
構造設計　梅沢良三
施工者　第一建設
担当　江越ひろみ
掲載誌　新建築住宅特集2011年1月号

「桜井別邸(多面体の屋根・館山)」(2009／千葉県)

構造規模　鉄筋コンクリート造＋木造＋鉄骨造／地上3階
敷地面積　1309.05m^2
建築面積　211.58m^2
延床面積　267.29m^2
構造設計　梅沢良三
施工者　糸平興産
担当　川勝崇道
掲載誌　新建築住宅特集2010年1月号

「松井別邸(富士桜の山荘・M)」(2009／山梨県)

構造規模　木造＋鉄骨造／地上2階
敷地面積　1943.18m^2
建築面積　103.66m^2
延床面積　118.12m^2
構造設計　梅沢良三
施工者　堀内建築
担当　三矢雅人
掲載誌　新建築住宅特集2010年12月号ほか

「杉浦別邸（多面体の屋根・ひるがの）」（2010／岐阜県）→ p. 031, 071

構造規模　鉄筋コンクリート造＋鉄骨造＋木造／地上2階
敷地面積　993.43m^2
建築面積　81.20m^2
延床面積　191.45m^2
構造設計　アラン・バーデン
施工者　飛驒建設
担当　高野洋平
掲載誌　新建築住宅特集2010年10月号ほか

「山本別邸・蓼科」（2010／長野県）

構造規模　鉄骨造＋木造／地下1階＋地上2階
敷地面積　2556.49m^2
建築面積　99.28m^2
延床面積　173.49m^2
構造設計　小西泰孝
施工者　第一建設
担当　三矢雅人
掲載誌　新建築住宅特集2011年10月号

「弘中邸（多面体・東京）」（2011／東京都）

構造規模　鉄筋コンクリート造＋木造／地上2階
敷地面積　295.39m^2
建築面積　125.07m^2
延床面積　169.04m^2
構造設計　梅沢良三
施工者　明工務店
担当　鷹箸譲
掲載誌　新建築住宅特集2012年1月号ほか

「志立別邸」（2011／長野県）→ p. 102-09

構造規模　鉄筋コンクリート造＋木造／地下1階＋地上1階
敷地面積　5,821.00m^2
建築面積　45.38m^2
延床面積　83.94m^2
構造設計　梅沢良三
施工者　第一建設
担当　宿本和則
掲載誌　新建築住宅特集2012年5月号ほか

「松下別邸（阿蘇の多面体）」（2011／熊本県）

構造規模　木造／地上1階
敷地面積　4721.89m^2
建築面積　106.02m^2
延床面積　96.25m^2
施工者　岩永組
担当　川勝崇道
掲載誌　新建築住宅特集2013年1月号

「早坂邸（那須塩原の多面体）」（2012／栃木県） → p. 118-27

構造規模　鉄筋コンクリート造＋木造／地上2階
敷地面積　852.98m^2
建築面積　135.00m^2
延床面積　198.82m^2
構造設計　梅沢良三
施工者　DI・SANWA CORPORATION
担当　石川直史
掲載誌　新建築住宅特集2013年10月号ほか

「MINA GARDEN十日市場」（2012／神奈川県）

構造　それぞれ木造
階数　それぞれ地上2階
敷地面積　181.22m^2/140.68m^2/180.67m^2/193.50m^2
建築面積　59.83m^2/59.83m^2/59.83m^2/59.83m^2
延床面積　122.18m^2/114.95m^2/113.42m^2/113.22m^2
施工者　奈良建設
担当　永尾達也

「松下邸（KUMAMOTO TERRACE）」（2015／熊本県）

構造規模　鉄筋コンクリート造＋鉄骨造／地上3階
敷地面積　582.92m^2
建築面積　273.20m^2
延床面積　499.85m^2
構造設計　梅沢良三
施工者　岩永組
担当　國枝東史生

「N別邸」（2015）

構造規模　鉄筋コンクリート造＋木造／地上2階
敷地面積　2605.67m^2
建築面積　231.50m^2
延床面積　295.34m^2
構造設計　梅沢建築構造研究所
施工者　第一建設
担当　義山宗燮

「3×3CUBE・椎名町」（2015／**東京都**）

構造規模　鉄骨造／地上4階
敷地面積　526.16m^2
建築面積　290.07m^2
延床面積　760.22m^2
構造設計　梅沢良三
施工者　渡邊建設
担当　永尾達也
掲載誌　新建築2015年2月号

「荻野邸（HOUSE O）**」**（2016／**東京都**） → p. 140-47

構造規模　鉄骨造＋木造＋鉄筋コンクリート造／地下1階＋地上2階
敷地面積　569.47m^2
建築面積　223.99m^2
延床面積　465.17m^2
構造設計　梅沢良三
施工者　佐藤秀
担当　永尾達也
掲載誌　新建築住宅特集2017年1月号

「緒方邸」（2016／**神奈川県**）

構造規模　鉄筋コンクリート造／地上2階
敷地面積　818.43m^2
建築面積　487.98m^2
延床面積　742.73m^2
構造設計　梅沢良三
施工者　三ノ輪建設
担当　石川直史

「木田邸（日本橋の竪穴住居）」（2017／東京都） → p. 110-17

構造規模　鉄骨造／地上5階
敷地面積　41.32m^2
建築面積　34.03m^2
延床面積　90.25m^2
構造設計　梅沢良三
施工者　宗建築
担当　永尾達也
掲載誌　新建築住宅特集2017年11月号

「矢崎邸（クアトロ・キューブ）」（2017／東京都）

構造規模　鉄筋コンクリート造／地上2階
敷地面積　427.43m^2
建築面積　170.70m^2
延床面積　280.09m^2
構造設計　梅沢良三
施工者　渡邊建設
担当　永尾達也
掲載誌　新建築住宅特集2018年7月号ほか

「矢澤別邸（KAZEN HOUSE）」（2017／長野県） → p. 094-101

構造規模　木造／地上2階
敷地面積　1554.27m^2
建築面積　143.60m^2
延床面積　199.55m^2
構造設計　オーノJAPAN
施工者　第一建設
担当　義山宗爕
掲載誌　新建築住宅特集2017年9月号ほか

「THE TWIST」（2022／東京都）

構造規模　鉄筋コンクリート造＋鉄骨造／地下1階＋地上4階
敷地面積　495.17m^2
建築面積　174.95m^2
延床面積　563.20m^2
構造設計　梅沢良三
施工者　渡邊建設
担当　田中雄己
掲載誌　新建築2022年8月号ほか

おわりに

その家は十五坪の制限から始まりました。……戦後すぐの一九四五年から五年間続いた臨時の建築制限です。満足に屋根の下で暮らせることが恵まれていると思われている時代ですから、もちろん建築資材も乏しく、トイレやお風呂を除けばほぼ一室のワンルーム、すべて洋室の木造平屋でした。しかし南に大きく開いていて、お日さまの光に包まれていました。そしてその空間は南に傾斜した庭に続いていたのです。

たぶん一九五〇年か五一年の頃だと思いますが、その南に開いていた開口部ごと一間ほどさらに南に張り出す改装をして、寝室の位置を居間・食堂とは別に、両引きの引き戸でセパレートするようになります。この頃には十五坪の面積制限も解かれたのでしょう、さらに台所とその外側に外勝手口をつくり、犬・猫・カナリヤもいて賑やかでした。そして毎晩寝るときには、母親がピアノを弾きながら唄うシューベルトの魔王が怖くて寝床に急ぐのでした。

二階を載せて主寝室と和室（客室）をつくったのが一九五七年頃、独立した子ども室、さらに独立したガレージができたのは一九六四年の少し前、つまり最初の東京オリンピックの頃。世の中は高度成

上、主室南側。下、主室北側。

長期に入っていたと思います。その当時は来客も多く、昼・夜とさまざまな人が集っていました。有名な宝塚のスターもたびたび来ましたし、さらには常時、居候のような人も居るという具合です。オリンピックのときにもフランスの選手が来たり、人の出入りが激しかったのは、母親が普通の主婦にとどまらず音楽家として活動していたからかも知れません。住宅とは人の集まる、いや、人を集まりやすくするところなのだと思いました。

いつの日からか、この家はさらに変化してゆくようになりました。父親が海外出張から帰ってしばらくすると、出張先で注文してきたものでしょうか、チークのパーケットフロアーや当時では珍しいロータリーベニヤ、しかもいま考えても不思議な目地なしのマホガニー内装の壁に、いつの間にか変わっていったりしたのです。風呂場も和バスから洋バスに変わり、シャワーカーテンでなく、板ガラスの入ったサッシュに付け替えられました。そういえば、家中をセントラルヒーティングにしたり、隠し家具のバーカウンターを仕込んだりして改装を楽しんでいたようです。

帝国軍人・日本国臣民を自負していたけれど、父の暮らしの仕方、特に朝食は洋食でした。朝食にはオートミールやシリアル＋玉子料理にハムかベーコンの肉類、特にカナディアンベーコンが好きでした。料理を趣味とすることはありませんでしたが、食べることは好きだったようです。どこで覚えてきたのでしょうか。たまに自分でつくって家族に振る舞うことがありました。ローストビーフにはホースラディッシュではなく、わさびとホイップクリームという組み合わせを教えてくれたりしたのです……。

　このような家・住宅が私の育った生家というわけですが、長々と思い起こしたのにはわけがあります。建築、特に住宅をハウツーで語ることはできないと言いたかったこともありますが、住宅とは住人の生活とセットなのだから、住人の生活変化とともに建築も変化するものだと気づかされたのです。そして何よりも、建築家として住宅を思考するとき、その暮らしにふさわしい空間とセットでなければならないと信じるようになりました。

　しかしながら、建築家が問う住宅（建築）づくりに何が一番大切かを問われれば、それはクリエイティビティ（創造性）なのです。創造とは、いままでになかったものを考え出し、創り出すことですから、簡単なことではありません。

本書を通じて、建築の本質的な価値に近づこうとしている姿が見えるでしょうか？

ある方からの手紙がきっかけになってこの本づくりが始まりました……。

始めたのは良いけれど、小さい家たちという作品集としてまとめるだけでは物足りない、かと言って読み物として人様に読んで頂くに足る文才があるわけでなし……かなりハードルが高いことはすぐにわかりました。しかも自分で設計したもの、つまり自分は最適解としてやってきた仕事を自らが冷静に解説することの難しさというか、いいと思って設計しているのだから、いいものを良いと説明しなければならない辛さと言おうか、気恥ずかしいところがあって、なんとかならないか？……と第三者的視点の助け船をいただいたのが川上純子さんでした。

川上さんは翻訳の仕事ではかなり有名な方で、建築の専門ではないけれど、人の暮らし・生活について多角的な視野を持っていて、読者目線で住宅・建築のわかる方だし、かといって奥様雑誌目線というわけでないので、建築の厳しさもわかったうえでいくつかの提言をしてくださいました。そもそも第一章の分類がそれです。

建築とは何か？　建築は誰のためにあるのか？　建築家の視点は何が違うのか？

……建築を問うのに（住宅でも）大きくても小さくても関係がないだろうと思っています。しかしわが国では小さくてアヴァンギャルドな建物がなぜか評価されているのに対して、そこそこ大きな余裕のある建物、特に大きな住宅は贅沢である！　金持ちの道楽ではないか？と揶揄されることが多いのです。確かに小さな建物の方が無駄なく設計主旨・コンセプトが明快になりやすいのでわからなくもないのですが……。第一章では大きくても小さくても住まうことにおいて大切なこと、気をつけなければならないことを分割して、建築家としてはこのように視る……、と紐解くことにしたのです。

さて、「ある方からの手紙……」というのは、何を隠そうこの本の編集者でもある東辻浩太郎さんのことです。なぜ声をかけていただけたのか？　正確にはわかりませんが、以前槇文彦先生の『漂うモダニズム』に応える本として、十七名の建築に関わる人たちが書いた『応答「漂うモダニズム」』のなかに私の書いたところ「モダニズムが見えない、それでも船を漕ぐか？」に興味を持っていただいたのだと思います。そこにはモダニズムはイズムですから近代主義……つまりモダニズムは民主主義の社会システムとセットで成立したはず、ということを書いたのでした。

建築そのものの良し悪しも重要なのですが、むしろ住宅を含めた建築の成立過程に私は興味がある……というか、興味を持たざるを得ないのです。つまり、その建築がなぜ生まれてきたのか？　なぜこんな住宅ができてしまうのか？　本当にその建築は望まれて生まれてきたのか？と問い続けているのです……ですから、これは建築論（住宅論）ではありませんし、もしかしたら普通の建築家とは異なる側面（視点）を持っているかも知れません。今回この本では、普通の人にとって住宅が生まれてくる過程で、何が重要なのか？を優しく紐解こうとしたのです……。

この本にはいくつもの写真や図面が掲載されています……私自身が整理することが苦手ですし、記憶にはまったく自信がありません。どこに・いつ・何がということをすべてデータ化してくれるスーパーアシスタントが元所員の山田慎一郎さんと、現スタッフの田中雄己くんでした。とくに山田さんは自分の設計の仕事を抱えていながら、この面倒な編集作業をしてくれたことは大変だったろうと思います。感謝!!　なお、「私の住宅カタログ」に出てくる各仕事には担当者名が書いてありますが、ほとんどの作品には副所長の宿本和則（一九五九－二〇一三）が関わってみていてくれたことを記しておきます。また東辻さんには拙い私の文章を辛抱強く赤入れをしていただいたり、遠回しに、しかも優しく方向を修正していただけたり、ずーっと優しく見守っていただきました、これも感謝です。

写真クレジット一覧

新建築社　p. 022, 023（2点とも）, 031, 036-37, 049, 071（2点とも）, 077, 100-01（3点とも）, 105, 108, 116-17（4点とも）, 123下, 126-27（2点とも）, 132（3点とも）, 146-47（3点とも）, 203（稲田邸）, 205&215（保坂邸）, 207（長井邸内観）, 212（自邸）, 214（清水邸）, 216（平成ドミノ・堺）, 217（Seijo6）, 218（森邸／中出邸）, 222（柴田邸／番場邸）, 226（志立別邸）, 228（3×3CUBE・椎名町）, 229（木田邸）
SD　p. 214（箱根VILLA）
建築知識　p. 215（J邸）
建築文化　p. 219（中村別邸）
北野建設　p. 224（田園調布TT）

吉村順三作品集1941-1978, 新建築社, 1980, p. 025, 168
I Colombo, Mazzotta, 1995, p. 055（2点とも）
Peter Zumthor collection, TIME&STYLE, 2022, p. 056
GA Traveler 002: Frank Lloyd Wright Taliesin, A.D.A. Edita Tokyo, 2002, p. 073
LOUIS KAHN The Importance of a drawing, Lars Muller Publishers, 2021, p. 162

マイケル・フリーマン　p. 026-27
藤塚光政　p. 052
中谷耿一郎　p. 065下, 067, 220（佐野別邸）, 224（籏別邸）, 225（笠原別邸）
坂口裕康　p. 213（稲田邸）
木寺安彦　p. 215（K2フラット）, 216（代々木の杜パークマンション）, 220（N3ユニテ）
小川重雄　p. 229（矢崎邸／THE TWIST）

上記のほかはすべて
横河健・横河設計工房（一部不詳のもの等を含む）

横河健（よこがわ・けん）

1948年東京生まれ。建築家、株式会社横河設計工房代表。

日本大学教授、東京大学大学院非常勤講師、武蔵野美術大学客員教授などのほか、JIA日本建築家協会副会長などを歴任。

主な受賞作品に「グラスハウス」（日本建築学会賞作品賞ほか）、「CESS埼玉県環境科学国際センター」（JIA日本建築家協会作品建築賞、日本建築学会作品選奨）、「トンネル住居」（JIA日本建築家協会25年賞）、「杉浦別邸（多面体の屋根・岐阜ひるがの）」（JIA日本建築家協会協会賞）などがある。

著書に作品集『KEN YOKOGAWA landscape and houses』（新建築社、2005年）。

美しい住宅へ

2023年3月30日　第1刷発行

著者　横河健

発行者　小柳学

発行所　株式会社左右社
〒151-0051東京都渋谷区千駄ヶ谷3-55-12ヴィラパルテノンB1
Tel. 03-5786-6030　Fax. 03-5786-6032
https://www.sayusha.com

装幀　松田行正＋杉本聖士

印刷・製本　創栄図書印刷株式会社

ISBN 978-4-86528-347-1

戦後、15坪から始まった代々木の家。